용의 분노를 다스리다

-중국 공산당의 티베트 왜곡에 투쟁하다-

체왕 갤뽀 아랴 저

이 유 미 옮김

에포크미디어코리아

저자의 인사말

제 책 『용의 분노를 다스리다Harnessing the Dragon's Fume』를 한국어로 번역하여 곧 출간한다는 소식을 들으니 정말 기쁩니다. 이 책은 제가 2019년 5월부터 2020년 9월까지 중앙 티베트 행정부 정보부 장관으로 일하면서 쓴 글들을 모은 것입니다. 티베트에 관한 중국 공산당의 거짓 선전과 왜곡된 정보를 반박하는 내용을 담았습니다.

중국 공산당은 티베트가 중국의 일부였다고 주장합니다. 하지만 이는 역사적, 정치적 근거가 전혀 없는 거짓 주장입니다. 티베트는 고대부터 독립된 나라로서 오랜 역사와 풍부한 문화를 이어 왔습니다. 또한 중국 공산당은 1950년 티베트를 불법 침공했습니다. 그 이후 지금까지 티베트와 티베트인들은 중국의 잔혹한 통치를 받고 있습니다. 오늘날에도 티베트 문제는 여전히 해결되지 않은 국제적 현안이며, 유엔은 티베트에 자유와 정의를 되찾아 줄 의무가 있다고 생각합니다.

저는 2023년 11월과 2024년 8월 두 번 한국을 방문했습니다. 많은 한국의 지식인과 스님들, 언론인들, 그리고 일반 시민들이 티베트 문제에 깊은 관심을 보여주어 정말 고마웠습니다. 국회의사당과 서울대학교를 비롯한 여러 곳에서 강연할 기회를 얻었는데, 청중들의 관심은 깊었고 반응은 매우 따뜻했습니다.

한국 불교의 불·법·승 삼보를 대표하는 통도사, 해인사, 송광사도 둘러보았습니다. 한국의 큰 기독교 공동체에 대해서도 알게 되고, 이 나라의 풍성한 종교와 세속적인 문화에도 깊은 인상을 받았습니다. 특히 송광사 박물관에서는 사찰에서 허락하여 13세기 티베트의 도괸 최갤 팍빠འགྲོ་མགོན་ཆོས་རྒྱལ་འཕགས་པ།(1235~1280)가 원나라(1271~1368) 시대에 한반도의 몽골 군벌들에게 보낸 것으로 보이는 고문서를 연구할 수 있었습니다. 이 문서는 그 지역 사람들에게 친절하고 공정하게 대하라는 내용을 담고 있습니다. 한국과 티베트 관계사를 밝히기 위해서는 앞으로 더 많은 연구가 필요할 것입니다.

이 책의 번역과 출간을 이끌어 주신 게쎼 뗀진 상뽀 스님과 한국티베트공동체에 진심으로 감사드립니다. 그리고 책 번역에 성심껏 도움을 주시고 인도 다람살라에서 티베트인들에게 한국어를 가르쳐 주고 있는 이유미 작가님께도 깊이 감사드립니다. 이 책이 세상에 나올 수 있도록 힘써 주신 에포크미디어코리아의 대표님과 직원 여러분께도 고마움을 전합니다.

이 책이 중국의 거짓 정보를 바로잡고, 한국의 형제자매들이 티베트의 진실을 아는 데 조금이나마 도움이 되기를 간절히 바랍니다.

체왕 갤뽀 아라ཚེ་དབང་རྒྱལ་པོ་ཨ་རཱ།

2025년 10월 5일

롭상 쎙게 박사의 인사말

시진핑이 중국 공산당의 수장으로 등극한 이후 중국은 티베트에 대한 자신들의 주장을 합리화하기 위해 다양한 전선에서 공세적인 태도를 취해 왔습니다. 환구시보, 신화통신, 중국 국제 텔레비전 네트워크CGTN와 같은 매체를 통해 외부 세계에 선전을 퍼뜨려 티베트 지역에서 이룩한 발전과 지디피GDP 성장을 강조하며 티베트 점령을 정당화했습니다. 중국은 티베트에서 큰 발전과 인권, 번영을 이루었다고 주장하면서도 유엔 조사관, 외교관, 언론인들의 티베트 방문은 철저히 금지해 왔습니다. 극히 제한된 수의 외국 기자들만 국가가 후원하는 티베트 여행에 초청받았고, 취재라고는 하지만 중국 정부가 주최하는 투어 형태였으며 기자들이 방문하는 곳은 중국 정부에게 유리한 지극히 제한된 장소였습니다. 이 투어에서 나온 취재 내용은 결국 공산당의 선전을 되풀이하는 것에 불과했습니다. 이렇게 제한적이고 왜곡된 외국 언론을 통해 중국은 고대부터 내려온 역사적 사실을 왜곡하며 티베트에 대한 소유권을 주장하고 있습니다.

특히 종교를 인정하지 않는 중국 공산당이 티베트 불교 사찰의 운영을 장악하며 종교의 자유를 심각하게 침해했습니다. 그뿐만 아니라 중국 공산당 지도부는 고위 티베트 라마들의 인증과 선정 과정에 공개적으로 간섭하였으며, 후대 달라이 라마 선정도 자신들에게 권한이 있다고 터무니없는 주장을 하였습니다.

국제관계정보부의 당시 정보비서이자 티베트 뉴스국의 편집장이던 체왕 걜뽀 아랴 박사는 이러한 중국 언론의 주장과 공세에 대해 다양한 매체를 통해 적절하고 효과적인 반박 논평과 기사를 발표해 왔습니다. 우리는 이러한 칼럼과 글들을 『용의 분노를 다스리다』라는 책으로 출간함을 기쁘게 생각합니다.

이 글들은 중국의 주장과 역사적 사실을 왜곡하려는 중국 공산당의 악의적 음모에 맞서는 중요한 정보와 사실을 담았습니다. 이 글들은 저자의 사견일 수도 있지만 이 책이 중국의 멈추지 않는 불명예스럽고 왜곡된 주장에 도전하고 반박하는 추가 자료로서 모든 이에게 도움이 되기를 바랍니다. 저자에게 진심어린 축하를 보냅니다.

인도 다람살라, 중앙 티베트 망명정부 대통령

롭상 쎙게བློ་བཟང་སེང་གེ

2021년 3월 10일

중앙 티베트 행정부의 인사말

『용의 분노를 다스리다Harnessing the Dragon's Fume』는 일본과 동아시아 지역에서 달라이 라마 성하를 대표하는 체왕 걜뽀 아랴 박사께서 집필하신 책입니다. 이 책은 지난 70여 년간 중화인민공화국의 점령 아래에서 이어져 온 티베트의 현실을 생생하게 보여주며, 종교·문화·언어·환경 등 전방위로 티베트 정체성을 지우려는 중국 정부의 끊임없는 시도를 고발하고 있습니다. 동시에 "티베트는 예부터 중국의 일부였다"는 중국 측의 허위 주장에 대한 분명한 반박이기도 합니다.

시진핑 국가주석 집권 이후 중국은 역사적 진실을 왜곡하고 허구의 서사를 만들어내어 국제무대, 특히 유엔을 비롯한 각종 국제기구에서 티베트의 역사와 현 상황을 잘못 전달하고 있습니다. 이로 인해 국제사회는 티베트 내부에서 실제로 벌어지고 있는 심각한 인권 침해와 위기 상황을 충분히 알지 못하고 있는 실정입니다.

중앙 티베트 행정부 정보국 국제관계부DIIR 번역 출판과에서는 1998년부터 2020년에 걸쳐 아랴 박사가 발표한 칼럼과 글들을 엮어 이 책으로 펴냈습니다. 이 글들은 티베트정책연구소Tibet Policy Institute 학술지와 DIIR의 간행물에 실었던 글들입니다. 이 책이 전 세계 티베트인들에게 귀중한 자료가 되기를 바랍니다.

오늘날 우리는 티베트 안팎에서 벌어지고 있는 억압의 실상을 널리 알리고 국제사회의 관심을 이끌어내야 할 공동 책임을 지니고 있습니다. 티베트 내부 상황이 날로 악화하는 가운데, 이 책의 이야기들은 모든 티베트인에게 각자의 책임을 다시 한번 일깨워 줄 것입니다. 우리는 티베트의 절박한 문제들을 알리기 위해 가능한 모든 기회를 적극적으로 활용해야 하며, 가장 어린 세대들조차 강한 정체성과 공동체적 사명의식을 간직한 채 성장할 수 있도록 해야 합니다. 결국 중국과 티베트 간의 갈등은 중도노선에 기초한 대화를 통해서만 해결할 수 있습니다.

특히 이 책이 한국어로 번역, 출판된다는 소식을 기쁘게 생각합니다. 이는 한국 독자들에게 중국의 허위 선전에 맞서 티베트의 실제 상황과 역사적 진실을 알리는 데 크게 이바지하리라 믿습니다.

인도 다람살라

중앙 티베트 행정부 정보국 국제관계부

2025년 10월 5일

한국티베트공동체 대표의 인사말

저는 한국이라는 아름다운 나라의 친절한 사람들과 인연을 맺게 되어 진심으로 기쁩니다. 대한민국 국민이 역사와 문화를 존중하고 민주주의와 인권을 목숨 걸고 지키는 모습, 그리고 짧은 시간에 선진국이 된 노력은 저에게 큰 희망을 주었습니다.

중국공산당이 티베트를 침략한 지 70여 년이 지났지만, 전 세계 티베트인들은 조국을 되찾기 위해 민족말살, 언어말살, 문화말살, 종교말살에 맞서 노력하고 있습니다. 저 또한 비폭력 운동을 통해 티베트를 비롯한 아시아의 자유와 인권을 위하여 달라이 라마 존자님의 말씀처럼 '목소리 없는 이들을 위한 목소리'가 되고자 합니다.

바로 이런 마음으로 2024년 11월 24일, 우리는 한국티베트공동체를 비영리단체로 등록했습니다. 한국에 거주하는 모든 티베트인이 함께 모여 서로 돕고 동고동락할 수 있는 터전을 마련하고, 한국과 티베트 간 문화교류를 증진하며 티베트의 정체성을 보존하고자 하는 소망을 담았습니다.

한국은 티베트인들에게 특별한 의미가 있는 나라입니다. 일제강점기와 한국전쟁을 겪으며 외침에 맞서 자유와 독립을 쟁취한 역사 그리고 짧은 기간에 민주화와 경제발전을 동시에 이룩한 놀라운 성취는, 조국을 잃고 흩어져 살아가는 티베트인들에게 크나큰 영감을 줍니다. 우리 또한 언젠가는 평화로운 방법으로 티베트의 자유를 되찾을 수 있다는 희망을 품게 합니다.

우리 공동체는 매년 12월 10일 세계 인권의 날과 14대 달라이 라마의 노벨평화상 수상을 기념하여 국제 평화의 날 세미나를 엽니다. 이를 통해 티베트 문제가 단순히 한 지역의 분쟁이 아닌 인류 보편의 평화와 인권 문제임을 한국 사회에 알리고 있습니다.

또한 한국에 있는 각 티베트센터와 함께 문화교류 프로그램을 운영하여 티베트의 전통 음식, 의상, 춤, 음악을 통해 한국인들에게 티베트 문화의 아름다움을 소개하고, 동시에 티베트인들이 한국 문화를 깊이 이해할 수 있는 기회를 마련합니다.

특히 인도 다람살라에서는 한국어 교육 프로그램을 운영하여 티베트 망명정부와 한국 간의 소통을 원활하게 하고 있습니다. 언어는 단순한 의사소통 수단이 아니라 문화와 마음을 잇는 다리이기 때문입니다. 이런 노력들이 모여 양국 간의 이해를 더욱 깊어지게 하리라고 믿습니다.

한국은 분단국가로서 평화통일에 대한 간절한 염원을 갖고 있기에, 티베트의 평화적 해결 노력과 깊은 공감대를 형성할 수 있습니다. 달라이 라마 성하가 제시한 '중도정책'은 완전한 독립이 아닌 진정한 자치를 통해 중국과 평화롭게 공존하려는 현실적이고 지혜로운 해결책입니다. 이는 한반도 평화 프로세스에도 소중한 시사점을 제공한다고 생각합니다.

우리 한국티베트공동체가 추구하는 것은 단순히 티베트인들만을 위한 이익이 아닙니다. 다양한 배경을 가진 사람들이 서로 존중하고 이해하며 함께 살아가는 평화로운 세상을 만드는 것입니다. 현대 사회의 핵심 이슈인 평화, 인권, 환경 문제가 서로 깊이 연결되어 있다는 인식 하에, 전쟁과 폭력 없는 평화로운 세상을 실현하기 위해 지속적으로 활동하고 있습니다.

이 책 『용의 분노를 다스리다』가 한국 독자들에게 티베트의 진실한 목소리를 전하고, 중국의 왜곡된 선전에 맞서는 사실적 근거를 제공하는 귀중한 자료가 되기를 바랍니다. 더 나아가 이를 통해 더 많은 한국인이 티베트 문제에 관심을 두고, 궁극적으로는 아시아 전체의 평화와 인권 증진에 함께 참여하기를 간절히 희망합니다.

정직, 신뢰, 우정을 바탕으로 한 진정한 공동체를 만들어가는 길에 여러분의 지속적인 관심과 참여를 부탁드립니다. 늘 함께해 주시기 바랍니다.

한국티베트공동체 대표 뗀진 상뽀བསྟན་འཛིན་བཟང་པོ།

2025년 10월 6일

옮긴이의 말

본서의 번역과 정리에 다음과 같은 원칙과 방식을 적용하였음을 밝힙니다.

번역 방식

원저자의 의도와 표현을 최대한 살리기 위해 직역을 기반으로 하되, 한국어 독자의 이해를 위해 필요한 경우 적절한 의역을 병행하였습니다.

티베트어 표기

본서에는 티베트어 단어와 인명, 지명이 다수 등장합니다. 티베트어를 공부하는 독자들에게도 도움이 되도록 원어를 병기하였으며, 한글 표기에서는 실제 티베트어 발음에 가장 가까운 표기를 우선하였습니다. 티베트어 표기와 발음에 대해서는 인도 다람살라의 게쎼 잠양 퓐촉འཇམ་དབྱངས་ཕུན་ཚོགས། 스님께서 세심한 도움을 주셨습니다.

각주

원저에는 각주가 없지만 한국인 독자의 이해를 돕기 위해 모든 각주는 옮긴이가 구성하였습니다.

수익금 기부

본서의 판매 수익금은 전액 한국티베트공동체에 기부하여 티베트의 독립과 한국 내 티베트인들의 활동을 지원하는 데에 사용합니다.

옮긴이 이유미

차례/ **용의 분노를 다스리다**

티베트, 티베트 난민의 현재와 미래

1960년대 북인도의 초기 티베트 난민들 (사진/티베트 박물관)

6월 20일은 유엔UN이 정한 세계 난민의 날입니다. 전 세계에 있는 난민들을 기억하고, 그들의 권리와 존엄성을 회복하기 위해 우리 모두 어떻게 협력할 수 있는지 상기하기 위한 날입니다. 대부분 난민은 독재 정권이나 폭정의 희생자입니다. 이러한 체제나 정권을 더욱 민주적이고 책임감 있는 정부로 대체하는 일이야말로 난민 문제와 관련하여 모든 해악과 고통을 해소하는 최선의 방책입니다.

티베트 역시 폭압적인 공산주의 정권의 희생자입니다. 티베트 안팎의 티베트인들은 지난 70년 동안 중국 공산주의 정권하에서 고통받았고 지금도 여전히 그렇습니다.

세계 난민의 날을 맞아 티베트 난민들의 이야기, 티베트인들이 어떻게 나라를 잃고 난민이 되었는지, 그들의 투쟁, 희망, 그리고 미래에 대한 열망을 간략하게 나누고자 합니다.

서론

티베트는 고대부터 평화롭고 독립적인 나라였습니다. 티베트는 세계에서 가장 높은 고원인 파미르고원과 티베트고원에 자리 잡고 있습니다. 더불어 티베트는 '세계의 지붕'이자 동남아시아 국가들의 주요 강의 발원지로도 알려져 있습니다. 지리적으로는 인도와 네팔의 북쪽, 중국의 서쪽, 몽골의 남쪽에 있습니다. 네팔과 티베트는 에베레스트산을 공유하여 산의 한쪽은 네팔에, 다른 쪽은 티베트에 있습니다. 고대 인도의 신성한 경전인 『리그베다』와 『아타르바베다』에 의하면, 티베트는 카일라스산을 지구의 중심 혹은 배꼽으로 하는 천상의 거처인 트리스바하바Trisvabhāva[1]입니다.

예부터 티베트는 평화롭고 신성한 나라입니다. 그러나 1949년 공산주의자들이 중국을 장악한 후, 팽창주의 정책의 일환으로 이 평화로운 나라 티베트는 1950년에 공격받고 침략당했습니다. 티베트의 정신적, 정치적 지도자인 달라이 라마께서는 인도 망명길에 올랐고

[1] 트리스바하바Trisvabhāva는 산스크리트어로 세 가지 자성自性 또는 세 가지 본성을 의미하며, 한국어로는 삼성설三性說이라고 합니다. 이는 대승불교의 유식학파唯識學派에서 발전한 주요한 교리입니다.

이후 약 8만여 티베트인들이 그를 따라 망명했습니다.

역사

인도, 네팔, 티베트는 역사적, 문화적, 종교적으로 여러 가치를 공유합니다. 7세기부터 9세기까지 티베트는 아시아에서 매우 강력한 군사제국 중 하나였습니다. 쏭쩬 감뽀སྲོང་བཙན་སྒམ་པོ།(569~650 AD), 티쏭 데쩬ཁྲི་སྲོང་ལྡེའུ་བཙན།(742~798 AD), 티렐 빠쩬ཁྲི་རལ་པ་ཅན།(802~841 AD)과 같은 티베트 황제들은 인접한 중앙아시아, 네팔, 인도, 중국의 영토를 정복했습니다. 그 무렵 인도의 불교가 티베트에 전해졌습니다. 티베트 황제 티쏭 데쩬은 인도 불교 대가인 샨타락시타와 구루 빠드마삼바바 등 인도의 스승들을 티베트로 초청하여 불교를 국교로 삼았습니다.

티베트에 불교가 전해지면서 티베트인들의 호전적인 성격은 점차 온화해졌습니다. 또한 영적 발전과 평화와 화합을 추구하는 데 더 많은 관심을 기울였습니다. 그 결과 군인의 수는 감소하고 군사력은 약화되었으며 영적 세계를 추구하는 승려와 비구니 수는 급격하게 증가했습니다. 현대 세계가 물질적 문제와 산업 혁명을 탐구하느라 바쁠 때 티베트인들은 더 심오한 진리를 탐구하고 정신적인 발전을 추구하는 데 몰두했습니다. 인도의 많은 학자들이 티베트를 방문하여 불교를 가르치고, 티베트의 학자들은 불교를 공부하기 위해 인도로 갔습니다. 다른 나라에 대한 군사 원정과 영토 침략을 중단하고 티베트는 평화로운 나라가 되었습니다. 주변 국가들 또한 티베트에서 정신적인 지도와 깨달음을 얻기 시작했습니다.

라마의 통치

티베트 불교의 스승들, 즉 라마들은 중앙아시아의 평화와 안정을 유지하는 데 중요한 구실을 했습니다. 유럽의 절반과 아시아의 대부분을 정복한 몽골 칭기즈 칸의 호전적인 후손들은 티베트의 싸꺄빠 ས་སྐྱ་པ།[2] 라마들의 가르침으로 정복이 아닌 평화를 찾았습니다. 라마들은 몽골의 왕들에게, 살인과 약탈로써 물리적으로 상대를 이기기보다 무지한 마음에 대한 승리가 훨씬 가치 있음을 확신케 했습니다. 몽골, 티베트, 네팔, 중국, 만주의 전쟁 세력들을 평화와 우정의 관계로 만들고 유지하는 데 이바지한 것은 모두 티베트 라마들의 정신적인 가르침 덕분입니다. 몽골 원 제국, 중국 명 왕조, 만주 청 왕조 모두 티베트 라마들이 제공한 영적 담론과 지도에 큰 도움을 받았습니다. 그 가운데 가장 존경받는 분은 단연 달라이 라마였습니다. 달라이 라마는 티베트인들뿐만 아니라 이웃 국가의 국왕들과 백

[2] 싸꺄빠는 티베트 불교의 주요 종파 중 하나로, 그 이름은 창건한 사원인 싸꺄 사원ས་སྐྱ་དགོན་པ།에서 유래했습니다. 11세기 후반에 꾄촉 갤뽀དཀོན་མཆོག་རྒྱལ་པོ།가 창건했으며 13~14세기 몽골 제국 시기에는 싸꺄 빤디따ས་སྐྱ་པཎྜི་ཏ།와 최갤 팍빠ཆོས་རྒྱལ་འཕགས་པ།의 지도로 티베트의 정치적 · 종교적 권력을 장악한 주요한 종파입니다.

성들에게서도 크게 존경받았습니다.

초대 달라이 라마 겐뒨 둡དགེ་འདུན་གྲུབ།[3]은 1391년에 태어났습니다. 몽골어로 '달라이'는 '바다'를 뜻하며, 지혜가 바다처럼 광대한 라마 혹은 스승, 즉 '지혜의 바다'를 의미합니다. 티베트 불교에서 고위 라마들은 입적한 후에 거듭 환생하여 중생을 가르치고 교화하는 일을 계속 이어갑니다.

달라이 라마가 티베트의 정신적, 정치적 지도자가 된 것은 제5대 환생인 롭상 갸초(1617~1682) 때인 1642년부터입니다. 그 이후로 중국의 침략이 있기 전까지 티베트는 역대 달라이 라마들이 통치했습니다.

중국 공산주의의 침략

1949년, 마오쩌둥의 공산당이 중국에서 집권하여 중화인민공화국

---

3 겐뒨 둡དགེ་འདུན་གྲུབ།(1391~1474)은 티베트 불교 겔룩빠དགེ་ལུགས་པ།의 창시자인 제 쫑카빠རྗེ་ཙོང་ཁ་པ།의 주요 제자였습니다. 1391년 티베트 샤브 지역에서 태어난 그는 7세에 출가하여 불교 수행에 전념했습니다. 겐뒨 둡은 1447년 따실훈뽀བཀྲ་ཤིས་ལྷུན་པོ། 사원을 건립했으며, 이 사원은 후에 빤첸 라마들의 주요 거처가 되었습니다. 그는 뛰어난 학자이자 수행자로서 많은 불교 논서를 저술했으며, 특히 아비달마(교리체계)와 논리학에 정통했습니다. 생전에 그는 '달라이 라마'라는 칭호를 받지 않았고, 이 칭호는 후대에 소급 적용되었습니다. 실제로 '달라이 라마'라는 칭호는 3대 달라이 라마 쐬남 갸초가 1578년 몽골의 알탄 칸에게서 받은 것으로, 정치적 종교적 권위를 공식화한 중요한 역사적 사실입니다.

PRC을 수립했습니다. 마오쩌둥은 티베트가 중국의 일부라고 주장하며 '평화적 해방'이라는 미명으로 티베트를 강제 점령한 뒤 1951년에 〈17개 조항 협정〉 체결을 강요했습니다. 그러나 당시 평화로운 불교 국가였던 티베트는 무장한 중국 군인들에게서 자신을 방어할 수 없었습니다. 인도와 국제사회가 티베트를 지지했지만, 그들도 중국에게서 티베트를 지켜줄 수는 없었습니다.

현 14대 달라이 라마는 1950년에 티베트의 지도자가 됐을 때 겨우 14세였습니다. 그는 내각 구성원들과 함께 중국의 요구를 수용하고 휴전을 유지하려고 최선을 다했지만 중국의 잔혹함은 극으로 치달았습니다. 마침내 1959년 3월 10일, 티베트 국민들은 중국에 저항하는 대규모 봉기를 일으켰습니다. 이 봉기마저도 잔인하게 진압되고 많은 사람들이 죽었습니다. 결국 달라이 라마 성하는 내각 구성원들과 함께 티베트를 떠나 인도 망명길에 올랐습니다. 약 8만여 티베트인이 따라 망명하여 네팔, 인도, 부탄에 정착했습니다.

중국의 티베트 점령으로 티베트인 120만 명 이상이 사망하고 사원 6천여 곳이 파괴되었습니다. 중국은 완전한 중국화를 이루기 위해 티베트에서 문화적 대학살을 자행했습니다. 티베트인들은 언어, 문화, 종교의 자유를 박탈당했고 중국의 이러한 탄압은 지금도 여전히 계속되고 있습니다. 오늘날에도 외교관, 유엔 조사관, 언론인들은 티베트를 방문할 수 없으며 티베트인들은 외부로 여행할 수도 없습니다. 중국 정부의 선전은, 그들이 티베트를 발전시켰고 티베트인들은 행복하다고 말합니다. 그러나 진실은 정반대입니다.

티베트 난민

인도 정부와 국민은 달라이 라마 성하를 국빈으로 맞이하고 티베트 난민들의 정착을 도왔습니다. 당시 인도 총리 빤디트 네루[4]는 인도에 정착한 젊은 난민들의 교육을 위해 티베트 중앙학교 설립을 도왔습니다. 그리고 티베트인들의 복지를 위해 일하고 티베트의 자유와 정의 회복을 위한 구심점이 된 티베트 망명정부(현재는 티베트 중앙행정부CTA로 알려짐)가 히마찰 쁘라데시 주의 다람살라에 설립되었습니다.

다람살라 외에도 인도의 12개 주[5]에는 티베트 난민 정착촌이 40여 곳 있습니다. 현재 이곳에는 티베트인 약 9만 명이 살고 있습니다. 인도 정부와 전 세계 기부자들의 지지와 도움이 이어지는 가운

---

4 자와할랄 네루Jawaharlal Nehru(1889~1964)는 인도 독립운동의 핵심 지도자이자 독립 후 인도의 초대 총리였습니다. 그는 1947년부터 1964년 사망할 때까지 17년간 총리직을 수행했습니다. 또한 영국 케임브리지 대학에서 교육받은 변호사로, 마하트마 간디의 매우 중요한 동료 중 하나였으며 인도 독립운동에 중추였습니다. 그는 '빤디트'(학자)라는 존칭으로 불리기도 했습니다. 총리로서 네루는 비동맹 운동의 창시자 중 한 명이었으며, 국제 정치에서 중요한 영향력을 행사했습니다. 국내적으로는 민주주의, 세속주의, 사회주의적 경제 정책을 추진했고, 과학과 기술 발전에 큰 관심을 기울였습니다. 네루는 현대 인도의 건축가로 여겨지며, 그의 딸 인디라 간디와 외손자 라지브 간디도 후에 인도의 총리가 되었습니다.

5 히마찰 쁘라데시Himachal Pradesh, 우따라칸드Uttarakhand, 델리Delhi, 라다크Ladakh, 씨킴Sikkim, 아루나찰 쁘라데시Arunachal Pradesh, 서벵갈West Bengal, 차띠스가르Chhattisgarh, 오디샤Odisha, 마하라슈뜨라Maharashtra, 메갈라야Meghalaya, 까르나따까Karnataka입니다.

데 어려운 상황에서나마 티베트인들은 열심히 일하며 평화로운 공동체를 이루어 삽니다. 그래서 종종 세계에서 가장 성공적인 난민 공동체로 회자되기도 합니다.

또한 약 5만 명은 주로 미국, 캐나다, 호주, 스위스와 기타 국가로 이주했고 그 결과 해외에는 티베트 난민협회 약 64개가 등록되어 있습니다. 인도에서 가장 가까운 네팔에는 티베트인 약 1만 명이 있습니다. 하지만 네팔에 살고 있는 티베트인들은 다른 어느 곳보다 큰 제약을 받고 있습니다. 중국이 네팔 내정에 지속적으로 간섭하고 있기 때문입니다. 티베트 땅을 떠나 망명 중인 티베트인의 총수는 약 15만 명에 불과하지만, 티베트 내의 티베트인은 약 700만 명에 이릅니다.

티베트의 투쟁

달라이 라마 성하의 가르침과 지도 아래서, 자유와 정의를 위한 티베트의 비폭력 투쟁은 인도와 국제사회에서 큰 지지를 받았습니다. 이어 세계 평화와 비폭력 증진을 위한 업적과 공헌으로 달라이 라마 성하는 1989년 노벨평화상을 수상했습니다.

통치에 대한 민중 참여의 필요성을 느낀 달라이 라마 성하께서는 망명 행정부의 개혁을 통해 민주주의 정책을 도입했습니다. 그리고 2011년에는 자신의 정치적 권한을 민주적으로 선출된 지도부에 완전히 이양했습니다. 그리하여 망명 티베트 공동체는 자유와 민주주의를 향유하고 있습니다.

여전히 슬픈 일은, 아직도 중국 치하의 티베트 동포들은 이러한 자유를 누리지 못하고 억압적인 통치 속에 살아간다는 사실입니다.

인도에만 티베트를 지원하는 단체와 지부가 450곳 이상 있습니다. 그중 주목할 만한 곳으로는 인도-티베트우호협회Indo-Tibetan Friendship Society; ITFS, 바라트 티베트 사효그 만치Bharat Tibbat Sahyog Manch; BTSM, 히말라야 파리바르Himalaya Parivar, 히말라야 문화 및 불교협회Himalayan culture and Buddhist Association; HCBA, 자유 티베트 지원을 위한 전국 캠페인National Campaign for Free Tibet Support; NCFTS 등입니다. 전 세계에는 210개 국제 티베트 지원 단체와 그 지부, 그리고 티베트의 정당한 대의를 지지하는 여러 세계 의원 포럼이 있습니다.

인도, 네팔, 부탄의 티베트 난민 정착촌에는 주민들의 복지를 돌보는 정착 담당관들이 각 학교, 사원, 보건소 등에 상주하고 있습니다. 중국이 티베트에서 파괴한 것들이 망명지에서는 어느 정도 보존되고 유지되고 있음은 정말 다행입니다. 각 지역의 정착 담당관들은 다람살라에 있는 티베트 중앙행정부CTA의 내무부에 필요 사항과 고충을 잘 알리고 있어서, 망명 티베트 공동체는 결속력이 강하고 효율적이며 회복력이 있다는 평가를 받습니다.

정신적, 문화적 르네상스

달라이 라마 성하와 함께 각 분야의 티베트 전문가들의 노력으로 인도는 불교 과학, 철학, 종교의 부활을 통해 거대한 영적, 문화적 르네상스를 경험했습니다. 불교는 인도에서 발생해 아시아 전역으로 퍼졌지만 여러 요인으로 정작 인도에서는 오랜 기간 정체되고 쇠퇴하는 과정을 겪었습니다.

그러나 오늘날 불교는 히말라야를 넘나들며 활기차게 전해지고 있으며 그로 인해 인도는 다시금 이것이 부처님의 부드러운 힘이라는 것을 인식하게 되었습니다. 불교는 이제 단순히 종교로서뿐만 아니라 과학적 철학적 측면으로도 서구 국가들에 전해지고 있습니다.

인도와 네팔에 있는 대부분의 티베트 사원에는 히말라야 지역과 인도의 다른 지역에서 온 많은 학생이 있습니다. 동남아시아 국가와 서구에서 온 학생들도 여러 티베트 사원 대학에서 불교를 공부합니다. 인도는 다시 한번 정통 불교 가르침의 원천이라는 위치를 차지하게 되었습니다. 바라나시의 〈중앙 티베트 고등 연구소〉에서는 200개 이상의 티베트 불교 문헌들을 산스크리트어로 다시 번역했습니다. 달라이 라마 성하는 티베트인들이 오래전에 인도 고승들에게 배운 것을 이제 인도에 되돌려주며 함께 나누고 있다고 말씀하십니다. "인도는 스승이고, 우리 티베트인들은 제자입니다. 스승의 관점에서 볼 때 우리는 특히 신뢰할 만한 제자들일 것입니다. 왜냐하면 우리는 고대 날란다의 가르침을 온전하게 보존해 왔기 때문입니다."라고 하셨습니다.

중국과 대화

마오쩌둥이 1976년에 사망하고, 그 뒤를 이은 덩샤오핑은 티베트인들이 중국에게서 독립을 주장하지 않는다면 티베트 문제를 해결할 수 있다고 제안했습니다. 중국 정부가 추진하는, 한족 중국인의 티베트 지역 이주 정책으로 많은 한족들이 티베트로 들어왔습니다. 그로 인해 티베트의 언어와 문화는 큰 위협에 직면했습니다.

또한 과도한 광산 개발과 댐 건설로 생태학적 피해가 발생했습니다. 그럼에도 티베트 내에서 중국은 군사적으로 더욱 강력해지는 상황입니다. 이런 상황이 지속된다면 10년 이내에 티베트인들은 엄연한 자신의 나라에서 소수민족으로 전락할 것이며 티베트의 언어와 종교, 문화가 뿌리째 뽑힐 위험은 더욱 커질 것입니다.

달라이 라마 성하와 티베트 중앙행정부는 이 문제를 해결하기 위해 '중도적 접근법'을 제시했습니다. 중도적 접근법의 주요 골자는 '티베트인들은 중국에서 분리를 추구하지 않지만 중국의 억압적 정책은 단호히 거부하고, 중국은 중국 헌법이 규정한 대로 티베트에 진정한 자치권을 부여해야 한다'는 것입니다.

2002년부터 2010년까지 아홉 차례에 걸쳐 중국과 티베트 간에 대화가 이루어졌고, 2008년에는 〈티베트 민족을 위한 진정한 자치권에 관한 공문〉을 중화인민공화국에 제출했습니다. 그러나 중국은 티베트인들의 중도적 접근법 제안을 받아들이지 않았습니다. 이는 사실상 공동체를 이루며 살아가는 소수 민족에게 지역 자치권을 약속한 중국 헌법에도 위배됩니다.

인도와 티베트

인도와 티베트는 고대부터 문화적, 정신적으로 강한 유대감이 있습니다. 티베트인들은 인도를 성지로 인식하며, 부처님이 깨달음을 얻은 성지 보드가야 순례를 평생의 큰 영적 성취로 여깁니다. 마찬가지로 인도의 힌두교 신자들에게 서부 티베트에 있는 산 카일라시와 마나사로바르 호수는 시바신과 그의 배우자인 빠르바띠의 거처로 신성하게 여깁니다. 그들에게도 카일라시 산과 호수 순례는 평생의 영적 성취입니다.

인도인들에게 티베트는 천상의 낙원인 '트리스바하바'이고, 인도는 티베트인들에게 성자들의 땅인 '아리야부미'[6] 입니다. 그렇기에 고대의 티베트인들과 인도인들은 아무런 방해 없이 국경을 자유롭게 넘나들었습니다.

그러나 지금은 중국의 티베트 침략으로 상황이 달라졌습니다. 중국은 1962년에 인도를 공격했고 인도의 라다크, 아루나찰, 씨킴 등의 지역에서도 지속하여 침략 도발 행위를 이어가고 있습니다. 이렇게 중국과 인접한 인도의 국경 지역은 계속 위협받고 있습니다. 티베트와 인도의 오래도록 평화로웠던 국경은 이제 가장 군사적 긴장감이 높은 지역이 되었습니다. 그뿐만 아니라 인도는 중국과 사이에 우호적인 완충국이자 시바 신의 거처인 티베트를 잃었습니다. 아탈 비하리 바즈파이[7] 전 인도 총리는 "국익의 관점에서 보더라도 티베

[6] 산스크리트어에서 아리야부미आर्यभूमि는 '성스러운 땅' 혹은 '고귀한 단계'를 의미합니다. 불교적 맥락에서 이 용어는 수행자가 세속적 상태를 초월하여 깨달음의 단계에 진입했음을 나타냅니다.

[7] 아탈 비하리 바즈파이Atal Bihari Vajpayee(1924~2018) 전 인도 총리는 인도의 위대한 정치인이자 시인이었습니다. 인도 역사상 처음으로 비국민회의당 출신으로 임기를 완수한 총리로서, 인도인민당의 창립 멤버 중 한 명이었습

트가 파괴되고 있다는 사실은 인도에도 슬픈 일"이라고 말했습니다.

티베트는 동남아시아 주요 강들의 발원지입니다. 인더스, 서틀레지, 갠지스, 브라흐마푸트라, 살윈, 메콩, 양쯔, 황하 등이 모두 티베트에서 발원합니다. 이곳에서 일어나는 생태적 피해는 하류 연안 국가들에도 큰 피해를 가져옵니다. 이미 중국은 브라흐마푸트라강에 댐을 막으려고 시도하였습니다. 이는 강을 따라 살고 있는 사람들의 생계에도 위협이 됩니다. 중국이 티베트인들에게 티베트를 되돌려주는 것은 지극히 당연한 일입니다. 더 넓게는 인도와 동남아시아 국가들의 이익에도 부합합니다.

나아갈 길

중국은 티베트가 중국 내정 문제에 불과하다고 계속 말하지만 티베트는 이미 국제적 문제입니다. 그것은 평화로운 나라를 불법 점령했다는 의미이며, 인권과 종교의 자유 문제이자, 민주주의와 법치의 문제입니다. 국제사회는 티베트의 투쟁을 세계 곳곳에서 폭정과 독

니다. 그는 세 차례(1996년, 1998~1999년, 1999~2004년)에 걸쳐 인도 총리를 역임했습니다. 그의 정치적 업적으로는 1998년 포크란 핵실험 감행, 파키스탄과 관계 개선 시도, 경제 개혁 등이 있습니다. 또한 그는 뛰어난 연설가이자 시인으로도 알려져 있어 정치 활동과 함께 문학적 재능도 인정받았습니다. 바즈파이는 온화하고 포용적인 정치 스타일로 여러 정당의 존경을 받았으며, 2015년에는 인도 최고의 민간인 훈장인 '바라트 라트나'를 수훈했습니다.

재에 맞서 싸우는 영감의 원천으로 바라봅니다. 중국은 중국 인민들의 것이지 중국 공산당의 것이 아닙니다. 중국 인민조차도 억압적인 공산당 정권하에서는 행복하지 않습니다.

코로나바이러스 팬데믹의 확산은 공산당 정권이 피해자들을 침묵시키고 의료진들이 진실을 밝히지 못하도록 막은 노력의 결과물입니다. 중국이 이를 잘못 처리하고 이용한 방식은 중국 공산당 지도부의 배신 본성을 드러냈습니다. 코로나 이후의 세계는 분명히 중국인과 국제사회가 겪은 모든 고통에 대해 중국에 책임을 물어야 합니다.

중국 정부에 대해 거침없는 직언으로 유명한 칭화대학교의 교수 쉬장룬은 "중국은 '막다른 골목'에 도달했으며 민주주의만이 유일한 탈출구"라고 말했습니다. 현재 그가 인터넷 연결이 끊긴 가택연금 상태임은 그리 놀라운 일이 아닙니다. 인도의 지도자 자야프라카시 나라얀[8]은 "티베트는 죽지 않는다. 인간 정신에는 죽음이 없기 때문

---

[8] 자야프라카시 나라얀Jayaprakash Narayan(1902~1979)은 인도의 독립운동가이자 사회주의 지도자로서 인도 정치사에 큰 족적을 남긴 인물입니다. 그는 1902년 10월 11일 비하르주에서 태어났으며, 미국 오하이오주 버클리 대학에서 사회학을 공부했습니다. 귀국 후 마하트마 간디의 비폭력 저항 운동에 참여하며 인도 독립운동에 헌신했습니다. 독립 이후에는 사회주의 운동에 매진했으며, 1950년대에는 비노바 바베Vinoba Bhave의 부다단(토지 기부) 운동에 참여했습니다. 특히 1970년대 초반 인디라 간디 정부의 권위주의적 통치에 반대하는 전면혁명Sampoorna Kranti 운동을 이끌었습니다. 1975년 인디라 간디가 국가비상사태를 선포했을 때, 자야프라카시 나라얀은 이에 강력히 저항하며 민주주의 수호를 위한 투쟁을 이끌었습니다. 이 운동은 1977년 인디라 간디의 패배와 자나타당의 집권으로 이어졌습니다. 그는 정직함과 청렴함으로 '로크나약'(인민의 영웅)이라는 존칭을 얻었으며, 간디의

이다. 공산주의는 성공하지 못한다. 인간은 영원히 노예가 되지 않을 것이기 때문이다."라고 말했습니다.

세계는 공산주의와 억압을 거부했습니다. 베를린 장벽은 1989년 11월에 무너지고, 소련은 1991년 12월에 무너졌습니다. 중국에서도 공산주의는 사라질 것입니다. 중국에 건강한 민주주의가 시작되면 아시아와 세계는 평화와 조화에 이바지하는 중국의 부상을 목격할 것입니다. 이는 티베트가 다시 한번 평화와 비폭력의 메시지를 공유하고 지역의 안정과 조화를 유지하는 오랜 소임을 재개할 수 있게 할 것입니다.

이상을 실천한 지도자로 존경받았습니다. 1979년 10월 8일 심장마비로 별세했지만, 그의 정신은 인도 정치에 여전히 큰 영향을 미치고 있습니다.

중국은 달라이 라마의 환생 문제에 개입할 역사적, 종교적, 정치적 권리가 없다

14대 달라이 라마의 즉위식
1940년 2월 22일, 티베트 라싸 (사진/티베트 박물관)

중국은 티베트, 위구르 지역에서 억압이 심화되고 홍콩에서 불안이 고조되고 있다는 국제적 비난을 모르쇠로 일관하였습니다. 그뿐만 아니라 이번 달(2019년 7월) 인도의 언론인들을 초대하여 달라이 라마와 아루나찰 쁘라데시 문제에 대해 인도를 향해 경고했습니다. 중국의 태도는 거만했습니다. 그들은 중국 내에서 15대 달라이 라마를 선정할 것이며, 이 문제에 인도가 간섭하는 것을 용납하지 않겠다고 노골적으로 위협하는 표현을 했습니다!

이런 중국의 태도는 손자병법의 두 전술에서 따온 것으로 보입니다. 첫 번째, "적국에 더 깊이 침투할수록 점령한 성읍을 등 뒤에 둔 많은 중지를 잡으면 상대는 흩어져 도주하기 쉬운 산지가 되니 더는 저항할 수 없다." 두 번째, "적국의 수장들에게 위해를 입혀서 제후를 굴복시키고, 그들에게 끊임없이 문제를 일으켜 관여하게 하여 제후를 꼼짝하지 못하게 부리며, 허황한 이익으로 유혹하여 제후가 쫓아오게 하라."입니다.

왕닝샹(TAR의 부장관이자 인민정부 정보실 실장), 자루오(중국 정부의 프리미어 티베트 정책 싱크탱크인 중국 티베트학 연구센터의 이사), 샤오지에(논평연구소 조교수) 등 주요 중국 관리 세 명이 방문 기자들과 교류하고 브리핑을 하였습니다.

이 중국 관리들은 달라이 라마 환생자를 선정하는 데에 중요한 역사적 기준 두 가지를 지적했습니다. 첫째, 200년 된 역사적 과정에 따라 선택은 중국 내에서 이루어져야 한다는 것입니다. 둘째, 그렇게 선정된 달라이 라마는 중국 정부의 승인을 받아야 한다는 것입니다. 왕닝샹과 샤오지에는 더 나아가 현재의 14대 달라이 라마도 중국 정부의 승인 덕분에 달라이 라마라는 칭호를 쓰는 것이라고 말합니다.

먼저 이토록 박식한 세 중국 관리들에게 경의를 표합니다. 하지만 그 내용은 전혀 사실이 아니기에 이의를 제기합니다. 이들의 발언은 중국 정부가 역사적, 종교적 사실을 의도적으로 왜곡하려는 노골적이고 고의적인 시도입니다. 이에 대해 좀 더 자세히 반박하겠습니다.

그들은 200년 된 역사적 과정이라고 말했는데 그것은 청 황제 가경제(재위 1796~1820) 통치 시기인 대략 1819년경이어야 합니다. 그러나 달라이 라마의 역사와 제도는 무려 500년 이상 거슬러 올라갑니다. 1대 달라이 라마의 탄생 시기는 1391년입니다. 즉, 달라이 라마 제도의 탄생은 청 왕조(1644~1911)의 건국 훨씬 전부터 존재했습니다. 따라서 청 황제의 칙령이 달라이 라마의 환생을 통치했다는 주장은 전혀 근거가 없습니다. 터무니없는 주장입니다.

이제 달라이 라마 환생의 역사를 살펴보겠습니다. 초대 달라이 라마 겐뒨 둡은 1391년에 태어났고, 그의 환생인 2대 달라이 라마 겐뒨 갸초는 1475년, 3대 달라이 라마 쐬남 갸초는 1543년에 태어났습니다. 그 시대에 몽골의 왕 알탄 칸이 존경의 표시로 그에게 '달라이 라마' 칭호를 부여했습니다. 그리고 4대 달라이 라마 욘텐 갸초는 1589년 몽골에서 태어났습니다. 5대 환생인 롭상 갸초(1617~1682)는 몽골 왕 구시 칸의 지원을 받아 티베트의 영적, 세속적 수장이 되었습니다. 그 후 6대는 1682년, 7대는 1708년, 8대는 1758년, 9대 달라이 라마는 1805년에 태어났습니다. 모든 환생 선택은 티베트 종교 전통에 따라 이루어졌습니다.

1792년 만주 황제 건륭제(재위 1736~1795) 시대에, 티베트는 침략해 온 네팔의 구르카 군대와 싸우기 위해 만주의 도움을 요청했습니다. 이것이 티베트가 만주에 도움을 요청한 네 번째였기 때문에, 만주 관리들은 티베트 정부의 행정을 더 효율적으로 만들기 위한 29개 항목의 규정을 제안했습니다. 이는 사제-후원자 관계에 기초한 것이었습니다. 이것은 통치자-신민 관계의 맥락이 아닙니다. 그중 한 항목은 달라이 라마와 빤첸 라마의 환생을 선택하기 위해 금병체첨金瓶掣簽[9] 방법을 사용하는 것이었습니다. 그러나 11대 달라이 라마를 선택한 때를 제외하고 이 방법은 전혀 사용하지 않았습니다. 10대 달라이 라마 출팀 갸초 때, 선택은 이미 이루어졌지만 만주족을 이해시키기 위해 금병체첨을 사용했다고 발표했습니다. 12대 때도 금병은 형식적으로만 사용했을 뿐 이미 티베트 종교 전통에 따라 달라이 라마는 확정되어 있었습니다.

따라서 티베트는 달라이 라마를 선택하기 위한 방식으로 오랜 종교적 전통을 따랐습니다. 13대와 14대 달라이 라마의 환생도 티베트 종교 전통에 따라 선택되었습니다. 1940년 달라이 라마의 즉위식에는 중국을 포함하여 인근 국가의 대표단을 초청했습니다. 이 과정에서 티베트는 어떤 정부에게도 승인이나 인정을 구하지 않았습니다. 그럼에도 왕넝샹과 샤오지에의 주장을 보면 "중국 정부가 인정함으로써 그가 14대 달라이 라마가 되었다"는 발언은 개탄스러운

---

[9] 금병체첨은 이름에서 알 수 있듯이 '금으로 만든 항아리(금병)에서 제비를 뽑는(체첨)' 방식이며, 구체적인 절차는 다음과 같습니다.

① 달라이 라마나 빤첸 라마와 같은 고위 라마가 입적하면, 그의 환생자로 추정되는 여러 후보자를 발견합니다.

② 후보자들의 이름을 나무 막대나 쪽지에 기록합니다.

③ 이 이름표들을 금으로 도금된 구리 항아리(금병)에 넣습니다.

④ 공식 의식을 통해 그 항아리에서 제비 하나를 뽑습니다.

⑤ 뽑힌 이름이 해당 라마의 환생자로 공식 인정받습니다.

일이 아닐 수 없습니다.

따라서 금병 방법과 중국 정부의 승인이 달라이 라마 환생 인정의 필수 기준이라는, 세 명 중국 정부 관리들의 주장은 전혀 사실이 아닙니다. 근거도 없습니다. 이는 중국 정부가 티베트의 종교적 전통까지 왜곡하여 자신들의 정치적 목표에 맞게 공격하는 매우 불명예스러운 시도입니다.

역사적 기록을 바로잡겠습니다. 티베트인들이 교류한 것은 만주 청 왕조였고 당시 중국은 청 왕조의 일부에 불과했습니다. 만약 청나라와 티베트의 관계에 근거하여 중국이 티베트 통치의 정당성을 주장한다면, 그 주장을 할 수 있는 권리는 중국이 아니라 청나라를 건국한 만주족에 있다고 하겠습니다.

중화민국의 아버지 쑨원孫文은 "중국은 두 번 외세의 지배를 받았다. 첫 번째는 몽골 원 왕조(1271~1368)며, 두 번째는 만주 청 왕조(1644~1911)다."라고 말했습니다. 즉, 중국은 원나라도 청나라도 아닙니다. 왕넝샹과 샤오지에가 말하는 '중국'은 무엇을 가리키는 것일까요? 중화인민공화국은 1949년 10월에야 등장했으니 그들이 말하는 200년의 역사가 있을 리도 없습니다.

달라이 라마 성하는 환생제도에 대한 견해를 명확히 밝혔습니다. 여기에 2011년 9월 달라이 라마의 공식 웹사이트에 게재된 내용을 소개합니다.

"앞서 언급했듯이, 환생은 관련 인물의 자발적 선택을 통해 일어나거나 최소한 그 사람의 까르마, 공덕, 기도의 힘으로 이루어져야 합니다.

따라서 어디서 어떻게 환생할지, 그리고 그 환생이 어떻게 인정받는지에 대한 유일한 권한은 환생하는 관련 인물만이 가집니다. 다른 누구도 관련 인물을 강제하거나 조종할 수 없습니다. 특히 과거와 미래의 삶이라는 개념 자체를 명시적으로 거부하는 중국 공산주의자들이 뚤꾸སྤྲུལ་སྐུ[10]의 개념을 언급한다는 것은 말할 것도 없고, 환생 체계 특히 달라이 라마와 빤첸 라마의 환생에 간섭하는 것은 매우 부적절합니다. 이러한 개입은 그들의 정치적 이데올로기와 모순되며 이중적인 잣대라고 할 수 있습니다. 이런 상황이 앞으로도 계속된다 해도 티베트인들과 티베트 불교 전통을 따르는 사람들이 중국의 주장을 인정하거나 받아들이기는 불가능합니다."

"내가 90세가 되면 티베트 불교 전통의 고위 라마들, 티베트 대중, 그리고 티베트 불교를 따르는 다른 관련자들과 상의하여 달라이 라마 제도의 지속 여부를 재평가하겠습니다. 그리고 협의 내용을 기준으로 결정을 내리겠습니다. 15대 달라이 라마를 인정할 필요가 있

[10] 뚤꾸는 환생한 라마를 뜻하며 티베트 불교의 중요한 전통 중 하나입니다. 이 개념은 깨달은 존재가 자신의 의지로 다시 태어나 중생을 구제하는 보살의 화신을 의미합니다. 일반인들이 업Karma에 따라 무의식적으로 환생하는 것과 달리, 뚤꾸는 중생을 돕기 위해 의식적으로 환생을 선택합니다. 뚤꾸의 인정 절차는, 전임 라마가 입적하면 그의 환생을 찾기 위한 여러 테스트를 진행합니다. 아이가 전생의 물건을 인식하거나, 특별한 징후를 보이는지 확인합니다. 뚤꾸로 인정받은 환생자는 어릴 때부터 사원에서 종교적, 학문적 교육을 받으며 자신의 소임을 준비합니다.

고 달라이 라마의 환생이 계속되어야 한다고 결정하면, 그렇게 할 수 있는 책임은 '가덴 포당 트러스트'[11]의 관리들에게 있습니다. 그들은 티베트 불교 전통의 다양한 수장들, 달라이 라마의 계보와 함께 굳건한 신뢰로 연결된 다르마 수행자들과 상의해야 합니다. 그들은 조언을 구하고, 과거 전통에 따라 달라이 라마를 찾아 나서는 과정과 최종적으로 인정하는 절차를 지킬 것입니다. 나는 이에 대해 명확한 서면 지침을 남기겠습니다. 그러므로 여러분은 마음 깊이 새겨 주시기 바랍니다. 이 방법을 통해 인정된 환생 외에는, 중국이 뽑은 자를 포함하여 정치적 의도로 선출한 자를 누구도 환생자로 인정하거나 수용해서는 안 됩니다."

국제사회가 달라이 라마 성하를 위대한 영적 스승으로 존중하며

---

[11] 티베트 불교의 최고 지도자인 달라이 라마와 관련된 중요한 기관입니다. 이 기관은 1991년에 14대 달라이 라마가 설립했으며, 티베트어로 '가덴 포당དགའ་ལྡན་ཕོ་བྲང་'은 역대 달라이 라마의 정부 명칭이자 티베트 정부의 공식 명칭이었습니다. 가덴 포당의 주요 목적은,

- 달라이 라마 재단의 자산과 재정 관리와 보존
- 티베트 불교 전통과 문화의 보존과 촉진
- 달라이 라마의 철학적, 종교적 가르침 전파 지원
- 향후 달라이 라마 환생 과정에서 중요한 역할 수행

특히 이 기관은 14대 달라이 라마 이후의 티베트 불교 지도체계 유지와 관련하여 중요성이 커지고 있습니다. 달라이 라마는 중국의 티베트 통치에 맞서 티베트 불교의 전통을 보존하고, 티베트 망명 정부와 티베트인들의 권리를 지원하는 데에 이 기관이 중요한 작용을 할 것이라고 밝혔습니다. 인도 다람살라에 본부를 두고 있으며, 달라이 라마의 가르침과 티베트 불교의 전통을 다음 세대에게 계승하는 중요한 기관으로 기능하고 있습니다.

평화와 비폭력 증진에 대한 공헌으로 노벨평화상을 수여한 반면, 중국 지도부는 그를 악마, 테러리스트, 분리주의자, 양의 탈을 쓴 늑대라고 비난했습니다. 여기 중요한 질문이 있습니다. 그렇다면 왜 그들은 악마, 테러리스트, 분리주의자, 늑대가 환생하기를 그렇게 절박하게 원하는 것일까요?

환생 개념은 과거와 미래의 삶이 존재한다는 불교와 힌두교의 믿음에 기초합니다. 중국 공산당 지도부가 전생과 내세에 대해 먼저 배우고 진실한 마음으로 받아들인다면 그 후에야 티베트 라마들의 환생에 간섭할 수 있을 것입니다. 중국의 〈국가 종교 사무국령 제5호〉[12]는 철회해야 합니다. 중국을 포함한 전 세계 불교도들과 신자들은 이러한 공산당의 모독을 결코 용납하지 않을 것입니다!

---

[12] 중국의 〈국가종교사무국령 제5호〉는 2007년에 발효된, 티베트 불교 고위 라마의 환생에 관한 중국 정부의 규제 법령입니다. 이 명령의 핵심은 티베트와 관련해 환생 자격이 있는 불교 라마의 지정, 환생 식별, 그리고 환생의 진실 여부 인정에 관한 모든 과정을 통제할 독점권을 중국 공산당이 갖는다는 것입니다. 이 지령의 정치적 목적은 달라이 라마를 비롯한 티베트 불교 지도자들의 후계자 선정 과정에 중국 정부가 개입하고 통제권을 행사하기 위함입니다. 중국 정부는 고위직 라마들이 서거할 때마다 그들의 환생자로 중국에 충성하는 인물을 지정하여 티베트 불교계를 장악하려는 의도를 가지고 있습니다. 이미 이 정책의 실례로, 11대 빤첸 라마 문제가 있습니다. 현 달라이 라마가 지정한 빤첸 라마와 중국 정부가 지정한 빤첸 라마가 다른 위치에서 공존하고 있는 상황입니다. 1995년 달라이 라마가 겐뒨 최끼 니마를 10대 빤첸 라마의 환생자로 인정했으나, 중국 정부는 이를 인정하지 않고 자체적으로 빤첸 라마를 지정했습니다. 이 명령은 특히 현 14대 달라이 라마 이후의 후계자 선정에 중국 정부가 주도권을 쥐기 위한 포석으로, 달라이 라마가 서거하면 중국은 이 지령에 근거하여 중국 정부를 위한 환생자를 지목하려는 계획을 가지고 있습니다.

따라서 자유세계의 지도자들과 전 세계 자유, 정의, 민주주의의 수호자들은 달라이 라마 성하의 말씀을 그의 환생 문제에서 최종적인 것으로 옹호하고 지지해주기 바랍니다. 그리고 티베트 불교의 최고 질서에 대해 중국 공산당 지도부가 모독하는 행위를 삼가도록 촉구해야 합니다. 분명한 사실은, 중국 공산당에게는 달라이 라마의 환생자를 선택할 역사적, 종교적, 정치적 권리가 전혀 없다는 것입니다.

중국은 몽골 원나라의 일부일 뿐, 그 왕조의 권위자나 계승자가 아니다

요약: 티베트는 1950년 중국 공산당의 침략을 받기 전까지 정치적으로나 역사적으로 독립 국가였습니다. 그런데도 중화인민공화국은 여러 근거 없는 이유를 들어 티베트가 중국의 일부라고 주장합니다. 그중 몽골 제국의 동부를 통치한 원나라(1271~1368)를 이야기하겠습니다. 중국은 1368년 중국 명나라가 권력을 잡았을 때 원나라에게서 티베트에 대한 권리를 계승했다고 주장합니다. 본 논문은 당시 티베트와 몽골 간의 관계를 살펴보고 중국의 주장에 실질적인 근거가 있는지 아니면 정치적 의제를 충족하기 위한 선전일 뿐인지 검토하겠습니다.

몽골은 과거 다양한 유목민 부족이 통치했습니다. 몽골이 국가 체계를 이루며 세계 지도에 등장하기는 칭기즈 칸 시대입니다. 칭기즈 칸 시대의 주요 부족은 동부의 타타르Tatar, 중앙의 케라이트Kerait, 북부의 메르키트Merkit, 옹귀트Ongut, 서부의 나이만Naiman, 올쿠누트Olkhunut, 바윳Bayud, 콩기라트Khongirat, 키르기즈Kirghiz, 오이라트Oirat 등입니다. 1162년에 테무친이라는 이름으로 태어난 칭기즈 칸은 이러한 전쟁 중인 독립 부족들을 통일하여 대 칸이 되었습니다. 그는 연속적으로 세계 역사상 가장 큰 제국을 통합해 나갔습니다.

킵차크 칸국(러시아, 유럽/아래 지도에서 적색 부분); 원 제국(현재 중국, 미얀마, 고려/황색); 차가타이 칸국(현재 파키스탄, 아프가니스탄, 키르기즈스탄 등/녹색) 그리고 일 칸국(페르시아, 현재 이란, 이라크, 튀르키예 등/주황색)을 잇따라 세웠습니다.

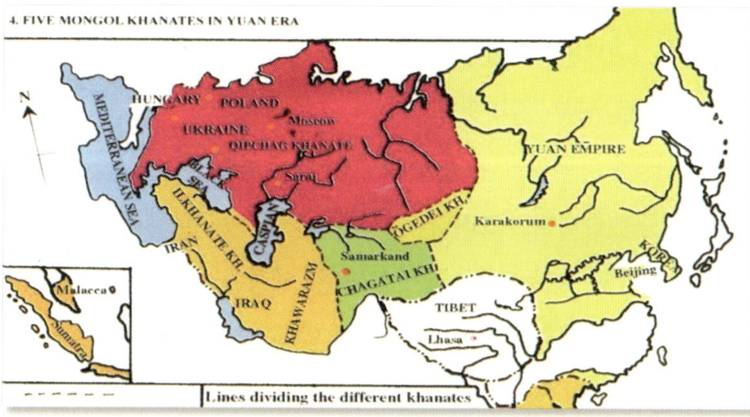

몽골 제국과 티베트 지도

티베트도 그 시기에 몽골의 영향 아래 들어갔고, 후에 몽골과는 특별하고 긴밀한 관계를 발전시켰습니다. 이는 정복자와 피정복자의 관계가 아니었습니다. 티베트어로는 최윤མཆོད་ཡོན།[13] 즉 사제-후원자라는 독특한 관계가 발생했으며 이는 그들의 정치적, 영적 추구를 이끌었습니다.

---

13 최윤མཆོད་ཡོན།에서 최མཆོད།는 '공양' 혹은 '제사'를 의미하고 윤ཡོན།은 '후원' 혹은 '시주'를 의미합니다. 종교 지도자(라마)와 세속적 통치자 사이의 상호 의존적 관계를 설명하는 단어입니다. 이 관계에서 라마는 영적 지도와 가르침을 제공하고 통치자는 물질적 지원과 정치적 보호를 제공합니다.

이 관계는 두 나라에 모두 이익이 되었습니다. 티베트인들에게는 완전한 자치권이 주어졌으며 모든 침략에서 보호받았습니다. 반면 몽골의 황제에게는 통치의 정당성을 제공했고, 몽골사람들은 심오한 불교 철학적 가르침을 받아들이면서 나라의 도덕적 토대를 마련할 수 있었습니다.

몽골은 1207년과 1209년 티베트 국경까지 들어왔습니다. 칭기즈 칸이 티베트 북부 지역인 탕쿠트부 서하西夏를 공격했습니다. 티베트는 몽골에 항복하고 조공을 보내는 대신 티베트로 진군을 중단하라고 요구했습니다. 그러다 다시 몽골이 탕구트를 제압한 것은 1226년이었고, 이듬해에 칭기즈 칸은 세상을 떠났습니다. 이로써 티베트는 더는 몽골에 조공을 바치지 않게 되었습니다.

티베트어로 된 『몽골불교사』[14]를 보면, 티베트는 칭기즈 칸에게 항복하고, 몽골은 불교를 받아들였다고 합니다. 그러나 일부 학자들은 이 부분이 잘못된 기술일 수 있다고 지적합니다. 서하를 세운 탕구트와 티베트는 별개이며, 서하 정복이 티베트 정복을 의미하는 것이 아님에도 이 둘을 오해하기 쉽다는 것입니다.

1240년, 고단 칸(칭기즈 칸의 3남인 오고타이 칸의 2남)은 티베트를 공격했습니다. 이때 라뎅 사원ར་སྒྲེང་དགོན་པ།과 걜하캉རྒྱལ་ལྷ་ཁང་།이 파괴

---

[14] 몽골불교사인 호르최중ཧོར་ཆོས་འབྱུང་།은 몽골 지역의 불교 역사를 서술한 티베트 역사서입니다. 호르ཧོར།는 티베트인들이 몽골을 지칭하던 명칭이며, 최중ཆོས་འབྱུང་།은 '불교의 기원', '불교 역사'를 의미합니다. 이 역사서는 몽골 지역에서 티베트 불교가 어떻게 전파되고 발전했는지를 기록한 중요한 문헌입니다. 특히 13세기 이후 몽골 제국 시대에 티베트 불교가 몽골에 본격적으로 전파되고 정착하는 과정을 담았습니다.

되고 승려와 민간인 약 500명이 사망했습니다. 후에 고단 칸은, 몽골은 강력하지만 티베트와 같은 도덕적, 영적 문명이 결여되어 있음을 깨달았습니다.

그는 티베트 불교 싸꺄빠ས་སྐྱ་པ།의 존경받는 스승인 싸꺄 빤디따 뀐가 갤첸ས་སྐྱ་པཎྜི་ཏ་ཀུན་དགའ་རྒྱལ་མཚན།(1182~1251)을 초청했습니다. 1247년에 고단과 싸꺄 빤디따는 현재 티베트 암도 지역의 파리그인 량저우涼州에서 만났습니다. 그러나 이 장소는 암도 북부에 있는, 현재 간쑤성의 우웨이武威시일 가능성도 있습니다.

싸꺄 빤디따는 고단 칸에게 불교적 개념인 귀의, 업과 인과의 법칙, 보리심의 발심과 같은 불교의 가르침을 전했습니다. 고단 칸은 이 가르침에 깊이 감명받아 불교를 국교로 삼았습니다. 당시 티베트는 고단 칸의 영향을 받고 있었지만, 고단 칸은 싸꺄 빤디따에게 중앙 티베트의 13개 만호萬戶에 대한 통치 권한을 부여했습니다.

싸꺄 빤디따가 몽골 궁정에서 티베트 지도자들에게 보낸 편지에서, 그는 모든 사람에게 몽골의 힘을 수용하고 상호이익이 되지 않을 무력 행동은 삼가도록 조언했습니다. 편지 끝부분에 그는 다음과 같이 적었습니다.

"나의 가르침에 감사하는 마음으로 귀를 기울이는 중국, 티베트, 위구르, 탕구트 등의 많은 출가자들과 권력자들이여, 몽골사람들은 나에게 큰 존경심을 가지고 있습니다. 그러니 그들이 우리를 해치지 않을까 하는 걱정은 조금도 할 필요가 없습니다. 모두 이 말을 명심하며 평화롭게 지내기를 바랍니다."

이 편지에서도 언급했듯이 중국, 티베트, 위구르, 탕구트 등이 모두 별개라는 것은 분명합니다. 또한 싸꺄 빤디따가 여러 나라 사람들에게 존경받으며 각국의 사람들을 신경쓰고 조언했음도 알 수 있습니다.

중국은 고단과 싸꺄 빤디따의 회담과 서한을 근거로 티베트가 중국의 일부라며 다음과 같이 주장합니다.

"이 만남은 역사상 '량저우 회담'이라고 불리며, 이후 티베트 사람들에게 싸꺄 빤디따의 서한이 공표되고, 이로써 티베트는 공식적으로 중국에 편입되어 원나라 중앙정부 관할 하에 있는 행정 지역이 되었다."

나아가 중국은 다음과 같이 말합니다.

"량저우 회담은 티베트와 중앙정부의 관계 발전에 획기적인 역사적 사건이었다. 몽골족과 티베트족은 모국의 평화적 통일과 민족 단결 발전에 크게 이바지했다."

그러나 이를 근거로 티베트가 중국의 일부라고 주장하는 것은 이치에 맞지 않습니다. 이 관계는 몽골과 티베트의 관계입니다. 중국은 1279년 몽골의 통치하에 들어간 외부자에 불과합니다. 쿠빌라이 칸이 원나라를 설립한 것은 1271년이었고, 이는 중국의 남송제국을 합병하기 훨씬 전이었습니다. 따라서 원나라에 대한 중국의 주장은 어떤 근거도 없습니다.

싸꺄 빤디따는 자신의 종교적 권한을 조카 중 한 명인 최걜 팍빠 ཆོས་རྒྱལ་འཕགས་པ།에게 전하고 1251년 량저우에서 입적했습니다. 같은 해에 고단 칸도 세상을 떠났습니다.

몽케 칸(칭기즈 칸의 4남인 톨루이의 장남) 때 몽골 제국은 동쪽과 서쪽, 모든 방향으로 영토를 크게 확장했습니다. 톨루이의 둘째 아들인 쿠빌라이 칸은 최걜 팍빠를 내몽골의 수도 상두로 초청했습니다. 초기 단계의 차이[15]에도 불구하고, 쿠빌라이 칸과 그의 왕비 차부, 그리고 많은 몽골 대신과 관리들이 헌신적인 불교도가 되고, 불교는 더욱 대중적인 지지를 받는 종교가 되었습니다. 쿠빌라이 칸은 최걜 팍빠에게 티베트의 3개 주에 대한 전권을 주었고, 싸꺄빠의 승려들은 1254년부터 티베트를 통치하기 시작했습니다. 또한 최걜 팍빠의 요청으로 쿠빌라이 칸이 중국인 인구를 줄이기 위해 강에 던져 넣는 익사 의식[16]을 중단했다는 기록도 있습니다. 이 모든 일이 쿠빌라이 칸이 몽골의 대칸이 되기 전에 일어났습니다.

13세기경, 북방에 금金 제국과 남방에 송宋 제국이 있었습니다. 이 두 제국은 영토를 두고 끊임없이 싸웠습니다. 칭기즈 칸의 셋째 아들인 오고타이 칸은 1234년에 금 제국을 정복하고 남송으로 진군했습니다. 마침내 1279년에 송 제국 전체가 쿠빌라이 칸의 직접적인 통치 아래 들어갔습니다. 쿠빌라이 칸은 이미 1271년에 원元이라는 칭호를 사용하여 몽골 제국의 동부 영토를 통치하기 시작했으며,

---

15 초기 관계에서 나타난 문화적, 종교적, 정치적 관점의 차이를 의미합니다.

16 티베트어로 갸메유르첸모རྒྱ་མི་གཡུར་ཆེན་མོ།는 문자 그대로 '중국인들의 큰 불 던짐', '중국인 대수장大水葬'으로 해석할 수 있으며, 역사적 기록에 따르면 쿠빌라이 칸 이전 몽골 통치 시기에 중국인 인구를 줄이기 위해 했던 잔혹한 의식을 가리킵니다. 최걜 팍빠의 영향으로 쿠빌라이 칸이 이러한 잔혹한 관행을 중단했다는 것은 티베트 불교 지도자가 몽골 제국의 통치 방식에 미친 인도주의적 영향을 보여주는 중요한 역사적 사례입니다. 이는 최욘མཆོད་ཡོན།관계를 통해 티베트 불교의 자비와 비폭력의 가치가 몽골 제국의 통치 철학에 영향을 미친 중요한 예로 볼 수 있습니다.

베이징을 수도로 삼았습니다.

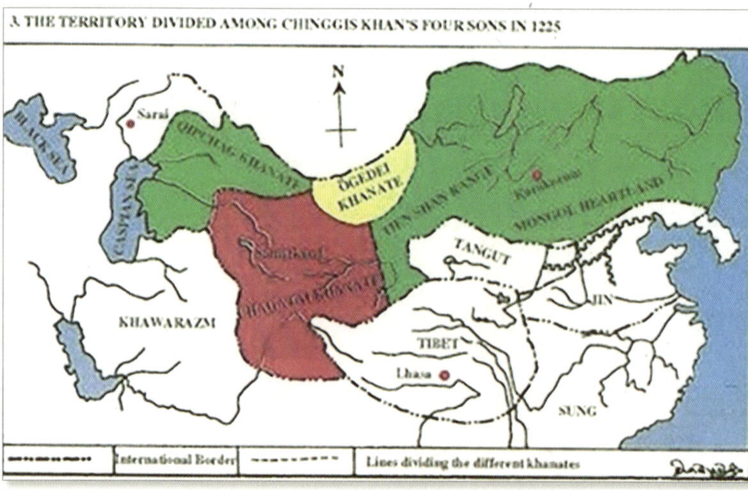

칭기즈 칸의 아들들이 세운 몽골 제국

당시 몽골 주변에 있던 동투르키스탄, 티베트, 탕구트, 달리, 금, 송, 고려, 버마, 베트남 등은 모두 몽골 제국인 원나라의 영향을 받았습니다. 그 당시의 역사적 지도를 보면 우리가 이야기하는 중국이 어떤 나라인지 더 잘 알 수 있습니다.

티베트가 역사상 여러 시기에 몽골의 영향권 안에 있었던 것은 사실입니다. 그러나 고단 칸과 쿠빌라이 칸 시대의 사제-후원자 관계로서 몽골은 티베트를 직접 통치하지 않았고, 티베트인들에게 자치권을 부여했습니다.

이 모든 일이 1271년 쿠빌라이 칸이 원元 왕조를 세워 몽골의 동부 정복지를 통치하기 전에 일어났습니다. 남송南宋은 결국 1279년에 몽골의 지배하에 들어갔습니다. 이는 중국이, 원 왕조가 정복한 영토의 일부였을 뿐임을 분명히 보여줍니다.

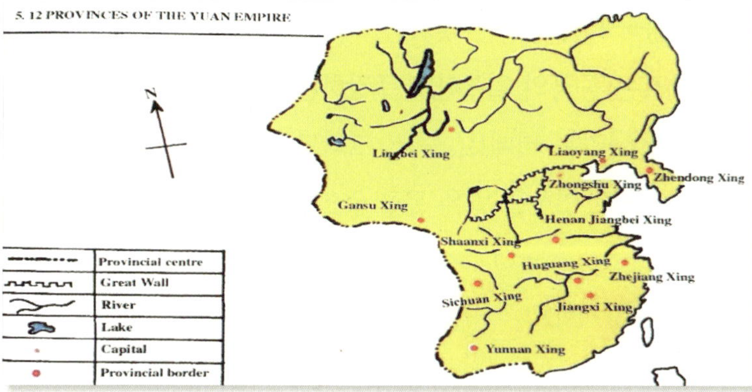

원 제국의 12개 성

더 중요한 사실은, 쿠빌라이 칸과 그의 후계자들이 원 제국의 영토를 여러 성으로 분할하려 했다는 것입니다. 이는 마침내 원나라의 5대 황제 시데발라(재위 1321~1323) 시대에 이루어졌으며 정치적, 행정적 목적으로 원 제국은 12개 성으로 나뉘었습니다. 이 지도는 1914년 중국에서 공식적으로 출판되었습니다. 여기에는 직접 통치하에 있는 모든 영토가 포함되어 있지만, 우리는 티베트를 찾을 수 없습니다. 이는 티베트를 결코 원 제국의 일부로 간주하지 않았음을 말해줍니다. 따라서 중국의 주장은 이 또한 근거가 없습니다.

마지막으로, 원나라가 티베트에 어떤 영향을 미쳤든 간에 그 영향은 1350년에 끝납니다. 1350년에 팍모 둡빠ཕག་མོ་གྲུ་པ 가문의 장춥 곌첸བྱང་ཆུབ་རྒྱལ་མཚན།(재위 1350~1364)이 싸꺄빠를 대신해 티베트 통치를 시작하면서 몽골에서 독립을 선언했습니다. 반면 중국이 몽골에서 독립을 얻은 것은 이로부터 18년 후인 1368년의 일입니다.

따라서 중국이 주장하는 것처럼, 티베트가 원나라의 일부였기 때문에 티베트는 중국의 일부라고 주장하는 것은 근거가 없고 터무니없습니다. 원나라는 티베트, 중국, 그리고 많은 다른 아시아 국가들이 직·간접으로 영향을 받은 몽골 왕조였습니다.

17개조 협약: 중국이 약속한 것, 실제로 이행한 것, 그리고 미래는?

티베트 동부 지방의 수도인 참도를 점령한 후, 중화인민공화국은 1951년 5월 23일, 티베트에 '티베트의 평화적 해방을 위한 조치에 관한 협약' 17개조를 강요했습니다. 점령군은 티베트 나머지 지역에서 즉각적인 군사 작전이 대안이라고 말했습니다. (사진/ 아르피 전시회)

요약: 1951년 5월 23일, 베이징에서 티베트와 중국 사이에 체결된 17개조 협약은, 티베트의 중국 편입으로 이어진 논란이 많은 문서입니다. 많은 사람이 이 협약으로 티베트가 중국의 일부가 되어 주권을 상실했다고 믿습니다. 중국은 이 문서를 티베트인들과 맺은 평화협정이라고 대대적으로 선전하며, 이로써 티베트가 해방되었다고 말하며 티베트에 대한 중국의 통치를 정당화합니다. 그러나 티베

트 측은 이 문서가 강압 하에 서명되었으며 합법성이 없다고 주장합니다.

본 장에서는 이 문서의 기원, 합법성, 타당성을 살펴보겠습니다. 이 협정을 통해 중국이 약속한 것, 실제로 이행한 것, 그리고 여전히 중국-티베트 문제 해결에 기능을 할 수 있는지도 분석합니다.

역사적 배경

중국은 고대부터 티베트가 중국의 일부였다고 주장합니다. 그러나 1949년 이전 역사 어디에서도 티베트는 중국의 일부가 된 적이 없습니다. 이는 명백한 사실입니다.

중국이 티베트에 대한 모든 권리를 주장하기 시작한 것은 1949년 중화인민공화국 수립 이후의 일입니다. 그것도 역사상 그다지 중요하지 않은, 근거 없는 사건들을 다양하게 들어 티베트를 중국의 일부로 주장했습니다. 그러나 대부분 조작된 선전처럼 주장의 성격도 계속 변했습니다.

처음에는, 7세기 티베트의 황제 쏭짼 감뽀 때부터 티베트가 중국의 일부라고 주장했습니다. 쏭짼 감뽀는 당나라 문성공주와 결혼했지만 그에게는 문성공주 외에도 네 왕비가 있었습니다. 다른 네 왕비는 티베트의 몽사티짬, 네팔의 브리꾸띠, 티베트 샹슝의 리틱멘, 토곡혼吐谷渾의 루용자였습니다.

그다음, 중국 백서는 몽골 원 왕조(1271~1368)와 명(1368~1644)

과 청(1644~1912) 왕조에서 티베트를 물려받았다고 주장했습니다. 그러나 역사를 왜곡하기 위한 이러한 허구적이고 기만적인 주장들은 중국 학자들까지도 강력하게 반박했습니다.

역사적으로 13세기의 몽골, 18세기의 네팔, 1904년의 영국, 1908년의 청나라가 티베트에 들어와 티베트에 대한 영향력과 종주권을 행사한 시기가 있었습니다. 청나라는 18세기에 세 차례 티베트에 들어왔는데 한번은 1792년에 침략하는 구르카 군대를 몰아내기 위해 그리고 1728년과 1751년에는 티베트 국내의 질서를 회복하기 위해서였습니다. 그들은 사제-수호자 관계에 기초해 티베트의 요청으로 왔으며 임무를 완수하고서는 티베트에서 철군했습니다. 이것을 두고 티베트가 중국의 일부라고 할 수는 없습니다. 만약 이런 주장이 가능하다면 티베트 또한 중국이 티베트 영토의 일부라고 주장할 수 있을 것입니다. 763년 티베트의 티쏭 데첸 왕은 당나라의 수도 장안을 함락하고, 당시 당나라 황제였던 대종代宗은 장안을 버리고 도주했습니다. 이러한 일시적인 영토 점거는 전 세계 거의 모든 나라가 겪은 일입니다.

원나라 때는 티베트와 중국 모두 몽골의 영향 아래 있었습니다. 그러나 중국은 몽골이 직접 통치했지만, 티베트는 칭기즈 칸의 손자인 고단 칸과 싸꺄 빤디따 사이의 사제-후원자 관계에 기초하여 높은 수준의 자치권을 누렸습니다. 더욱이 고단 칸의 후계자인 쿠빌라이 칸 시대에는 싸꺄의 스승인 팍빠에게 티베트 전역에 대한 정치적 권한을 부여하면서 자치권은 더욱 강화되었습니다.

그러나 1350년 티베트는 티베트의 왕인 장춥 걜첸(재위 1350~

1364)의 통치 아래 몽골에서 독립을 얻었습니다. 중국이 몽골에서 독립하여 명을 세운 것은 티베트가 독립한 지 18년이나 지난 1368년이었습니다. 따라서 중국이 원나라에서 티베트를 승계 받았다는 주장은 그 어떤 근거도 없습니다.

한 국가로서 티베트

홍콩대학의 라우훈싱 교수는 명과 청 시대의 두 권위 있는 텍스트와 지도에 대한 연구와 분석을 통해, 티베트는 명나라의 일부가 아니었다고 밝혔습니다. 이는 티베트가 고대부터 중국의 일부였다는 중화인민공화국의 주장에 의문을 제기하는 것입니다.

사실 마오쩌둥 자신도 티베트를 외국의 한 나라로 보았습니다. 그가 동티베트 국경을 따라 한 대장정 당시 티베트인들의 도움을 받았고 이에 감사를 표하며 "이것은 우리가 외국인에게 진 빚이며 우리는 만주인과 티베트인들에게 받은 지원에 대해 갚아야 한다"고 말했습니다.

1949년 10월 1일, 공산당이 국민당을 이기고 중화인민공화국을 수립한 직후 베이징 라디오는 "인민해방군은 티베트, 신장, 하이난, 대만을 포함한 모든 중국 영토를 해방해야 한다"고 발표했다는 기록도 있습니다.

중국의 55개 소수민족과 위의 영토 중에서, 중국 공산당이 지역 해방을 위해 동의가 필요한 것은 티베트뿐이었습니다. 티베트의 합의가 없다면 중국의 티베트 점령에 대한 타당성이 상실되고 국제사회의 압박을 받을 수 있기 때문입니다. 티베트 측은 이러한 합의를 완강하게 거부했습니다. 결국 중국 측은 위협과 협박으로 1951년 5월에 17개조 협약을 체결하게 했습니다. 중국은 이제 이 협의를 과시하며 티베트에서 만행을 정당화하고 있습니다.

중국의 동향을 주시하고 있는 한 전문가는 이렇게 말했습니다. “중국은 아시아-태평양 지역에서 자신을 초강대국으로 규정하고 여러 곳에서 영유권을 주장한다. 이런 끊임없는 도발이 남중국해와 그 외 지역의 긴장까지 유발하는 원인이다.”

17개조 협약

이 협약은 티베트 역사의 중요한 전환점에서 중국-티베트 관계의 본질을 드러내는 매우 중요한 문서입니다. 이 문서는 협약 이전에 티베트가 결코 중국의 일부가 아님을 증명하는 중요한 증거로 남아 있습니다. 문서를 조금 더 자세히 살펴보겠습니다.

먼저 17개조 협약의 서문 자체가 매우 모호하여 오해의 소지가 있습니다. 서문에서는 “지난 100년이나 그 이전 기간 동안 제국 주의 세력이 중국을 침략했고 그 결과 티베트도 침략하여 온갖 기만과 도발을 자행했다”고 말합니다.

여기서 지난 100년이란 1849년부터 1949년까지를 의미합니다. 이때 어떤 제국주의 국가가 티베트를 침략하여 티베트인들을 기만

했는지 살펴볼 필요가 있습니다.

먼저 영국령 인도의 프란시스 영 허즈번드가 1904년에 티베트에 들어와 라싸 조약을 강요했습니다. 그 뒤 두 달 내에 영국령 인도군은 철수했습니다. 이후 1906년에는 만주국 청나라가 티베트를 침략했지만, 1912년 중국에서 신해혁명辛亥革命이 일어났을 때 티베트는 청군을 격퇴했습니다. 따라서 티베트에 침략한 제국주의 국가가 있다면 그것은 영국과 청입니다.

여기서 주목할 점이 있습니다. 1904년 영국군이 티베트를 침략했을 때, 티베트가 중국의 일부라면 중국은 어떤 식으로든 개입해야 하지 않겠습니까? 그러나 그런 개입은 없었습니다. 오히려 그로써 티베트가 약하다는 것을 알고 2년 후에 청이 티베트를 침략했습니다. 그렇다면 누가 '기만과 도발'을 자행했습니까? 티베트 현대사의 이 두 사건은 당시 티베트가 주권 국가임을 분명히 확인해 줍니다.

많은 사람들이 중국과 맺은 17개조 협약은 티베트 독립의 종말이라고 믿습니다. 아닙니다. 반대로 17개조 협약은 당시 티베트가 독립 국가였음을 증명하는 중요한 문서입니다. 또한 중국이 티베트에 대해 "하나의 국가, 두 개의 체제" 즉 일국양제一國兩制를 실시하는 것에 공식적으로 동의했다는 증거이기도 합니다.

협약의 성격과 결과는 중국 공산당의 제국주의적 본질을 드러냅니다. 비록 협약이 강압 하에 서명되었지만, 달라이 라마 성하와 티베트 정부는 중국의 요구를 수용하고 휴전을 유지하기 위해 최선을 다했습니다. 그러나 중국은 티베트 전역이 완전히 인민해방군의 통제에 들어갔다고 확신하게 되자 협약 내용을 위반하기 시작했습니다. 이것이 중국 공산당 정권의 방식입니다. 홍콩과 대만은 이러한 티베트의 경험에서 배우고 중국이 제기하는 협상 제안에 주의해야 합니다.

당초 중국은 17개조 협약의 내용을 제안하기만 했습니다. 그러나 제안에서 끝나지 않고 이후 티베트 특사를 협박해 협정 체결을 강요했습니다. 티베트인들은 처음에는 협약을 거부했지만 나중에는 가능한 한 그 내용을 수용하려고 노력했습니다. 점차 중국은 그들 자신이 강요한 협정까지도 위반했습니다. 이때 티베트인들은 봉기하여 저항의 목소리를 높였습니다. 이러한 과정까지 모두 일축한 채 중국은 17개조 협약을 자랑스럽게 여기며 축하하고 있습니다. 여기에 협약의 아이러니가 있습니다!

협약의 중요성: 티베트와 중국의 접근법

중국은 이 협약을 티베트 점령을 정당화하는 합법적 문서로 봅니다. 그렇다면 협약을 통해 약속한 내용이 무엇인지, 중국이 이행한 것은 무엇인지, 그리고 중국이 앞으로 해야 할 내용은 무엇인지 살펴보겠습니다.

티베트 문제 해결을 위해 달라이 라마와 티베트 망명정부는 다양한 제안을 했습니다. 1987년에는 〈5개항 평화 계획〉, 1988년의 〈스트라스부르 제안〉, 2008년에는 〈티베트인의 진정한 자치에 관한 각서〉 등으로 해결책을 제안했습니다. 이 세 가지 제안은 티베트 문제를 해결하기 위한 '티베트 측의 세 가지 핵심 접근법'이라고 할 수 있습니다. 중국 지도부와 싱크탱크는 이 세 문서의 내용을 검토하여 티베트인들의 희망과 요구를 이해할 필요가 있습니다.

한편 중국 측에서 제안한 문서로는 〈17개조 협약〉, 〈덩샤오핑의 성명〉, 〈중화인민공화국헌법〉이 있습니다. 이 세 가지는 '중국 측의 세 가지 핵심 접근법'이라고 할 수 있습니다.

17개조 협약은 강압 하에 서명되었지만 그것은 중국으로서는 티베트를 침공하는 데 필요한 명분을 주었습니다. 달라이 라마 성하께서 망명길에 올라 1959년 4월 인도 떼즈뿌르Tezpur에 도착해서 이 협의를 거부했을 때, 국제사회는 협약에 대한 진실을 알게 되었습니다. 그리고 중국은 티베트 점령의 정당성을 잃었습니다. 따라서 국제법적 관점에서 중국의 티베트 점령은 불법입니다.

부상하는 초강대국이자 유엔의 중요한 회원국으로서, 중국이 티베트에 대한 자신들의 도덕적, 국제적 정당성을 얻으려면 이 역사적 실수를 바로잡아야 합니다. 중국은 위협과 잔혹한 점령을 통해 티베트에 진입했고 그 땅에서 권력을 강화했습니다. 그러나 그들은 17개조 협약에서 티베트인들에게 약속한 사항들은 전혀 이행하지 않았습니다.

이행하지 않는 조항들

중국 정부의 관영매체인 환구시보는 2011년 협약 60주년을 맞아 다음과 같이 보도했습니다.

"17개조 협약으로 알려진 이 문서는 티베트 민족이 단결하여 티베트에서 침략적 제국주의 세력을 몰아내고 중화인민공화국의 대가족으로 돌아와야 한다고 말했습니다. 티베트 지방 정부는 인민해방군이 티베트에 들어가 국방을 공고히 하는 것을 지원해야 하며, 또한 티베트의 지방자치권과 종교의 자유를 약속했습니다."

여기서 다시 언급한 제국주의 침략 세력이 정확히 무엇을 의미하는지 이해하기는 어렵지만 이에 대해서는 이미 앞서 논의했습니다. 인민해방군은 들어왔고 그 땅에서 권력을 공고히 했습니다. 그러나 지방자치권 종교의 자유에 대한 이 약속은 어떻습니까?

중국이 티베트 문제를 해결하고자 한다면, 티베트인과 약속했지만 전혀 이행하지 않은 협약에 대해 진지하게 고민해야 합니다. 그것들은 다음과 같습니다.

제3조: 티베트 민족은 중앙인민정부의 통일된 지도하에 민족 지역 자치를 행사할 권리가 있다.

제4조: 중앙 당국은 티베트의 기존 정치 체제를 변경하지 않을 것이다. 중앙 당국은 또한 달라이 라마의 확립된 지위, 기능과 권한을 변경하지 않을 것이다. 다양한 직급의 관리들은 평소대로 직무를 수행할 것이다.

제5조, 제6조: 빤첸 라마의 확립된 지위, 기능과 권한은 유지될 것이다.

제7조: 티베트 민족의 종교적 신념, 풍속과 관습을 존중하고, 불

교 사원을 보호할 것이다.

제9조: 티베트 민족의 언어와 문자, 학교 교육을 발전시킨다.

제10조: 티베트의 농업, 목축업, 공업, 상업은 발전하고…… 티베트의 실제 상황에 따라 인민의 생활을 단계적으로 개선한다.

제11조: 티베트의 다양한 개혁과 관련하여 중앙 당국은 어떠한 강압도 가하지 않을 것이다. 티베트 지방정부는 자체적으로 개혁을 시행해야 하며, 인민이 개혁을 요구할 때는 티베트 지도자들과 협의를 통해 해결해야 한다.

제13조: 티베트에 들어오는 인민해방군은 위에서 언급한 모든 정책을 준수해야 하며…… 인민에게서 바늘 하나 실 한 올도 함부로 취하지 않는다.

중국이 약속했지만 여전히 이행하지 않는 아홉 가지 중, 중요한 위반 사항은 3, 4, 7, 9, 11번째 조항입니다. 중국이 티베트에 대한 영유권을 주장하기 위한 유효한 문서로 17개조 협약을 내세운다면, 중국은 조항의 위반에 대해서도 동등하게 책임져야 합니다.

나아갈 길

여기서 1987년의 〈5개 항의 평화 계획〉, 1988년의 〈스트라스부르 제안〉, 2008년 중국지도부에 제출한 〈티베트인의 진정한 자치에 관한 각서〉의 내용을 검증하고자 합니다.

티베트 측의 세 가지 핵심 접근법이 중국 측의 세 가지 핵심 접근법에서 얼마나 벗어나는지, 더 중요한 것은 〈티베트인의 진정한 자치에 관한 각서〉가 중국 헌법에 위배되는지, 위배된다면 얼마나 위배되는지 연구해야 합니다. 우리는 티베트와 중국이 논의하고 협상하여 상호 수용 가능한 합의에 도달할 수 있는 공통 기반을 찾아야 합니다. 〈티베트인의 진정한 자치에 관한 각서〉를 주의 깊게 연구해 보면 이 각서가 17개조 협약, 덩샤오핑의 성명, 중국 헌법에 위배되지 않음은 분명합니다. 그렇다면 중국은 왜 이를 막고 있을까요?

중국의 인권운동가이자 변호사인 텅뱌오 박사는 베이징의 정치, 법학 대학에서 강사로 재직 중입니다. 그는 현재 미국에 거주하며 뉴욕 대학에서 방문 학자로 재직하고 있습니다. 그와 한 최근 인터뷰에 따르면 중국의 일반 시민들은 '티베트인의 진정한 자치에 관한 각서'의 존재조차 모른다고 합니다. 중국정부는 티베트인이 독립을 요구하는 분열주의자라는 인상을 심어주고 있습니다. 그렇다면 진짜 분리주의자는 누구입니까? 중국 공산당 지도부입니까? 아니면 티베트인입니까?

중국 공산당 지도부는 중국이 중국 인민의 소유임을 이해해야 합니다. 중국이라는 나라는 중국 공산당의 것이 아닙니다. 중국인들은 〈티베트인의 진정한 자치에 관한 각서〉의 내용을 알 권리가 있습니다. 중국 공산당은 이러한 정보를 은폐함으로써 티베트를 불법으로 점령한 것은 중국이 아니라 공산당이라는 사실을 숨기고 있습니다.

중국 공산당 지도부는 1951년 17개조 협약이 중국의 침략 이전에 티베트가 독립국가임을 증명하는 중요한 문서라는 점을 인정해야 합니다. 그러나 티베트인들은 현재 중국에서 완전한 독립을 추구하지 않기 때문에, 이 문서는 달라이 라마 성하와 티베트 망명정부가 추진하는 중도 접근 방식과 중국 측의 세 가지 핵심 접근법 사이에 공통점을 찾는 데 중요한 기능을 할 것입니다.

티베트와 중국의 '세 가지 핵심 접근법'에는 티베트 문제에 대한 해결책을 찾을 수 있는 조파ZOPA[17]가 존재할 것입니다. 중국 지도부가 조파를 찾으려는 강한 의지로 성실한 노력을 기울인다면 17개조 협약을 통해 이룩한 비도덕적 승리를 내세우기보다 상호이익이 되는 길을 찾을 수 있을 것입니다.

중국이 티베트를 점령한 지 70년이 지났습니다. 그럼에도 중국은 티베트를 완전히 제압하거나 통치할 수 없다는 사실을 받아들여야 합니다. 중국은 티베트 난민 공동체가 분열되었으며, 달라이 라마는 국제적으로 고립되었다고 강조하고 있습니다. 사실과 전혀 다른 그들의 주장은 중국 공산당 지도부의 처지가 얼마나 절박한지 여실히 보여줍니다.

공산당 지도부는 5월 23일을 맞이하여 17개조 협약을 되돌아보고, 티베트인들에게 무엇을 약속했는지, 실제로 무엇을 제공했는지, 그리고 이 협의가 여전히 티베트 문제를 해결하기 위한 공통의 토대를 찾는 데 도움이 될 수 있는지 다시 한번 확인하는 날이 되어야 합니다.

---

[17] Zone of Possible Agreement 합의 가능 영역

티베트는 결코 중국의 내정 문제가 아니다

티베트인과 지지자들의 집회

2020년 1월 28일, 미국 하원에서 압도적인 초당적 지지로 통과된 〈티베트 정책 및 지원법TPSA〉은 티베트인들에게 큰 승리였습니다. 이 법안은 패권적 망상에 들뜬 중국 공산당 지도부를 크게 흔들어 놓았습니다. 중국 공산당의 대변인인 중국 글로벌 텔레비전 네트워크CGTN, 신화통신, 환구시보 등은 중국의 '내정'에 간섭한 미국 의원들을 공격하며 거세게 반발했습니다.

이 법안은 미국 정부와 국민이 티베트의 자유와 정의를 위한 티베트인들의 정당한 투쟁을 강력히 지지한다는 메시지를 중국 공산당 정부에 전달했습니다. 법안은 티베트 중앙행정부의 노력을 존중하며 망명정부가 내세우는 중도 접근법과 티베트인들을 위한 진정한 자치, 티베트고원의 환경 보호를 지지했습니다. 또한 티베트 불교 전통에 따른 후대 달라이 라마 선정의 자유를 포함한 종교의 자유를 제기했으며, 중국 당국이 이 문제에 간섭하면 제재를 가할 것이라고 경고했습니다.

중국이 받아들여야 할 한 가지는 티베트는 결코 중국만의 내정 문제가 아니라는 것입니다. 티베트는 국제적 문제입니다. 이는 평화롭고 비폭력적인 독립 국가에 대한 강제적 불법 점령의 문제입니다. 이는 인권, 종교의 자유, 환경에 대한 심각한 침해입니다. 티베트는 공산주의와 독재 정권의 잔인한 힘에 대한 회복력의 상징이 되었습니다. 억압적 정권이 벌이는 탄압과 대량 학살은 그것이 어디에서 일어나든 내정이 아닌 국제적 문제입니다.

중국 글로벌 텔레비전 네트워크의 리우신 기자는 티베트 정책과 지원법에 대해 논평하면서 "티베트에 대해 공부하라"고 말하며 미국 의원들을 도발했습니다. 또한 중국 티베트학 연구센터의 한 연구원인 리안샹민은 "달라이 라마의 환생을 선정하기 위해서는 티베트 지방정부가 중국 중앙정부의 승인을 구해야 한다"고 말합니다. 리우신 기자는 "3대 달라이 라마는 '달라이'라는 칭호를 얻기 위해 명나라 궁정에 상소를 올렸다"고 주장하기도 했습니다. 하지만 그러한 역사적 내용은 그 어디에서도 찾아볼 수 없습니다. 과도한 상상력입니다.

올바른 역사적 사실을 다시 한번 짚고 넘어가겠습니다.

겐뒨 둡(1391~1474)은 첫 번째 달라이 라마였습니다. 그러나 그 때는 달라이 라마라는 칭호가 없었습니다. 세 번째 달라이 라마 쐬남 갸초(1543~1588)는 1578년 몽골 왕 알탄 칸에게서 '달라이'라는 칭호를 받았는데, 이는 몽골어로 '바다처럼 깊은 지혜'를 의미합니다. 그 답례로 쐬남 갸초는 알탄 칸에게 '최걜ཆོས་རྒྱལ།'[18]이라는 칭호를 수여했습니다. 이는 두 지도자 사이의 공식적인 칭호 교환입니다. 명나라 황제는 이 교환 어디에도 등장하지 않습니다.

쐬남 갸초가 달라이 칭호를 받기 위해 명나라 조정에 호소했다는 리우의 주장은 잘못되었고 증명되지 않았습니다. 사실, 몽골에서 티베트로 돌아오는 길에 중국 명 황제가 쐬남 갸초를 중국 수도 방문에 초청했지만 쐬남 갸초는 다른 일로 방문할 수 없다는 사양의 편지를 황제에게 보냈습니다. 역사적 사실이 이러한데도 티베트인들이 달라이 라마의 환생을 선정할 때 중국 정부의 승인을 구해야 한다는 것은 터무니없는 망발입니다.

또 리우신 기자가 주장하는 "달라이 라마의 칭호를 박탈할 권한이 중국 중앙정부에 있으며, 이는 역사적으로 세 번이나 있었던 일"이라는 주장 역시 절대적으로 노골적인 거짓말이자 조작입니다. 그녀가 말한 것 중 유일한 진실은 "온몸이 벼룩투성이가 되면 오히려 가려움을 느끼지 못한다"고 말한 것뿐입니다. 물론 역사를 이 정도로 왜곡하는 것을 일일이 심각하게 생각할 필요도 없습니다. 그녀는 공산주의 체제하에서 태어나 교육을 받았기 때문에 종교의 자유와 환

[18] 이는 '다르마의 왕' 혹은 '법왕'이라는 의미입니다.

생 개념에 대해 세뇌된 주입식 지식만 있을 뿐입니다. 따라서 '공부를 더 해야 할' 사람은 미국 의원들이 아니라 리우신 자신입니다.

중국 국제문제연구소CIIS의 연구원 장텅쥔은 "미국의 반중 법안은 공정하게 경쟁할 용기가 부족함을 보여준다"며 티베트 정책과 지원법에 대해 미국 의회를 비난했습니다. 그는 미국 의회가 "신장, 티베트, 홍콩, 대만을 대상으로 하는 여러 법안을 제안하면서 중국의 내정에 거듭 간섭했다"고 비판했습니다. 하지만 지금 벌어지고 있는 현실은 우리 모두 볼 수 있듯이, 동투르키스탄에서 100만 명 이상의 위구르인 감금, 티베트에서 억압적 정책과 문화적 대학살, 홍콩의 폭동과 대만에서 차이잉원 승리, 이 모든 게 해당 지역에서 중국 공산당 정책이 실패했음을 보여줍니다. 이는 미국의 간섭과 관련이 없습니다. 이는 모두 중국 공산당이 만든 것입니다.

주 인도 대사인 중국의 쑨웨이동은 인도 대중을 오도하기 위한 또 다른 중국의 사탕발림 선전을 제시했습니다. 그는 인도의 최대 신문인 인디언 익스프레스에 "중국의 평화적 발전 선택은 세계 평화에 대한 헌신에 기반한다"는 글을 게재했습니다. 중국이라는 사납고 거대한 용을, 누구에게나 사랑받을 한 마리 어린 양으로 만들어냈습니다. 그러면서 그는 "평화와 조화 추구는 중국의 정신세계에 깊이 뿌리내리고 있다"고 말합니다.

1949년 중국 공산당 정부 수립 이후, 전체 중국과 티베트를 포함한 점령 지역에서 사원, 교회, 모스크와 기타 종교 시설의 대규모 파괴가 이루어졌습니다. 티베트에서만 사원 6천 곳 이상을 파괴했고, 경전 수백만 권과 문화 유물을 공산당 체제하에서 불태웠습니다. 종교를 믿지 않는 공산당원들이 티베트의 사원들을 엄중히 감시하며 관리하고 있습니다. 승려들은 공산당에 충성을 맹세하고 달라이 라마 성하를 비난하도록 강요당합니다. 쑨웨이동 대사가 말하는 평화롭고 조화로운 정신세계는 무엇입니까?

또한 그 기사에서 "중국은 식민지화와 확장의 기록이 없다"며 "우리는 결코 패권주의, 세력 확장이나 영향력 확대를 추구하지 않는다"고 말합니다.

티베트를 불법 점령하고 식민지로 만들지 않았습니까? 무엇이 120만 티베트인의 죽음과 달라이 라마 성하와 티베트인들의 망명을 초래했습니까? 1962년 인도 국경 지역에서 일어난 중국의 침략과 최근까지도 국경에서 일어나는 군사적 위협은 어떻습니까? 남중국해에서 진행 중인 영토 확장 시도는 무엇입니까? 또한 BRI 경제적 인센티브라는 명목 하에 동남 아시아와 아프리카 나라들에게 중국에 빚을 지도록 덫을 놓는 것은 어떻습니까? 해외에 있는 모든 공자학원은 무엇을 하고 있으며, 왜 그들은 폐쇄되고 있을까요? 그리고 지금 중국은 네팔에서 무엇을 하고 있습니까? "어느 지역에서나 중국을 분열시키려는 자는 몸이 부서지고 뼈가 부러질 것이다." 이것이 시진핑이 네팔 정부를 협박하여 범죄자 인도조약에 서명하도록 한 방식입니다. 이것은 네팔에 망명한 티베트 난민들을 강제로 중국으로 송환하려는 데에 초점이 맞춰져 있습니다. 이러한 방식이 '평화적 발전의 길과 개방의 윈-윈 전략을 고수하는 원칙'입니까? 대만과 홍콩 사람들의 목소리와 메시지는 명확해야 합니다. 민주주의와 국민에 의한, 국민을 위한 통치의 시간이 왔습니다.

2020년 2월 현재 지금 당장 중국 공산당 지도부에게 가장 시급한 문제는 코로나바이러스 팬데믹입니다. 중국은 안전을 핑계로 의료진과 희생자들을 침묵시키기보다는 세계보건기구WHO와 협력하여 바이러스를 종식해야 합니다. 이것은 이제 중국의 내정이 아닙니다!

가장 안전한 중국 도시
라싸 뒤에 숨겨진 실제 티베트, 반박

불교도들에게 가장 신성한 라싸의 조캉 사원

중국 정부의 관영매체 환구시보는 최근 "티베트의 수도 라싸가 혁신적인 도시 관리를 통해 가장 안전한 도시가 되었다"고 보도했습니다. 그러면서 티베트 데일리를 인용하여 중국 사회 과학원이 중국 도시의 공공 서비스에 대해 실시한 조사에서 라싸가 중국 38개 주요 도시 중 가장 안전한 도시로 나타났다고 전했습니다. 2013년에도 라싸는 공공 안전 부문에서 1위를 차지했습니다. 또한 "지역 주민들의 안전 의식과 만족도가 99% 이상에 도달했다"고 주장합니다. 이는 매우 환영할 만한 소식입니다. 티베트의 상황을 잘 모르는 사람들은 이 소식을 액면 그대로 받아들일 수 있습니다. 하지만 중국이 아무리 자랑하고 싶어도, 이 사실은 티베트에서 실제로 일어나고 있는 일과는 거리가 멉니다.

2019년 2월 이후, 티베트는 현재 외부세계와 단절되어 있습니다. 에이피AP통신 같은 외신들은 4월까지 외국인 여행자가 티베트에 입국할 수 없다고 보도했습니다. 이 금지령은 공식적으로 발표되지 않은 것 같지만, 당국은 외국인들을 막기 위해 여행사에 지시했습니다. 만약 중국이 주장하는 대로 라싸가 가장 안전한 도시라면 왜 이러한 금지와 제한이 필요하겠습니까?

진실은 라싸에 배치한 치안 부대, 보안 요원, 스파이, 총을 든 인민해방군 차림의 군인들, 만연한 감시 카메라, 그리고 군 탱크가 있다는 점입니다. 이 때문에 라싸가 가장 안전한 도시라는 것은 놀라운 일이 아닙니다. 라싸는 사실상 포위된 상태입니다!

최근 티베트를 여행한 사람이 다음과 같이 말했습니다.

"엄격한 감시에 대해 누구에게 물어보고 싶어도 그것은 너무 위험했습니다. 우리의 관광 차량에 감시카메라CCTV, 지피에스GPS 추적기, 도청 장치가 설치되어 있고, 우리의 말과 행동을 보안 장치들로 모니터링하고 있다는 것을 발견했습니다."

"현장의 심각한 보안 상태 속에서, 티베트는 외국 언론인과 외교관들에게는 완전히 폐쇄되어 있어서 실제 티베트 상황에 대한 정보를 얻기가 어렵습니다."

이런 질식할 것 같은 계엄 상황에서 누가 감히 무엇을 할 수 있겠습니까? 올해(2019년) 티베트인들은 로싸르, 티베트 설날을 제대로 축하할 수 없었습니다. 로싸르 축하 행사를 엄격하게 감시하고 '공포와 위협'의 분위기를 조성했다는 보고가 나왔습니다. 정부 기관에서 일하는 티베트인들에게 로싸르 휴일도 허용하지 않고 로싸르 기간에 사원 방문도 금지했습니다. 이는 국제 인권 규범에 위배되며, 소수민족의 종교와 문화에 대한 권리를 보장하겠다는 중국 헌법 제4조에도 위배됩니다.

이때에 외국인에게 티베트를 폐쇄한 것은 중국의 티베트 점령에 대한 민중봉기 60주년을 앞두고 있어서라는 추측이 일반적입니다. 1959년 3월 10일에 일어난 티베트 민중봉기를 맞이하여 많은 군중이 모이는 것을 염려한 것입니다. 티베트인의 시위를 통제하기 위해 중국 당국은 매년 이 시기에 제한 조치를 해왔습니다. 이날은 모든 계층의 티베트인들이 중국 침략에 항의한 날입니다. 그러나 기관총으로 잔인하게 진압당한 많은 티베트 사람이 목숨을 잃었습니다. 달라이 라마 성하는 인도로 망명할 수밖에 없었습니다.

중국이 티베트를 침략한 지 70년이 지났습니다. 중국은 그동안 티베트를 해방했고 티베트인들은 중국 공산당의 통치 하에서 행복을 누리고 있다고 주장합니다. 그러나 현실은 전혀 다릅니다. 대량학살로 티베트인 120만 이상이 목숨을 잃고, 6천여 사원이 파괴되었으며 수많은 경전이 불에 탔습니다.

중국의 잔혹 행위와 문화 대학살은 이제 새로운 정점에 도달했습니다. 티베트 사원에서 젊은이들에게 전통 문화 가르치기를 금지했습니다. 티베트 사람들은 중국 지도자 시진핑의 사진 앞에서 오체투지를 하고 공양물을 올려야 합니다. 학교에서는 티베트어 사용을 금지하여 중국어로만 수업을 받아야 합니다.

티베트인들 150명 이상이, 점점 더 악화되는 티베트의 상황을 중국 정부와 국제사회에 항의하고 호소하기 위해 자신의 몸에 불을 붙였습니다. 그러나 중국은 이러한 분신자들의 가족과 친척들을 가혹하게 탄압하고 있습니다.

중국이 티베트에 새로운 수용소를 건설한다는 소식도 전해졌습니다. 이는 더 가혹한 전제적 조치가 임박했음을 암시합니다. 메시지는 분명합니다. 티베트에서 일어난 일이 지금은 위구르에서 일어나고 있으며, 또다시 티베트에서 일어날 것입니다.

달라이 라마 성하는 기회가 있을 때마다, 티베트가 분리를 추구하는 것이 아니라 중국 헌법에 명시된 대로 소수민족의 진정한 자치를 원한다고 분명히 말씀하셨습니다. 국제사회와 중국 인민의 지지에도 불구하고 중국 지도부는 달라이 라마 성하의 중도 접근법을 인정하지 않습니다. 이제 티베트 민중 봉기 60주년이 다가오면서, 티베트는 사실상 계엄 상태에 있습니다.

중국이 진실로 티베트를 중국의 일부로 만들고 싶다면 먼저 그 땅과 사람들을 충분히 존중해야 합니다. 티베트인은 그들의 언어, 종교, 문화 속에서 진정한 자유를 누릴 수 있어야 합니다. 중국은 티베트를 봉쇄하고 규제할 것이 아니라 티베트인들의 고통을 알고 해소해야 합니다. 이것이 티베트와 티베트인을 베이징에 더 가깝게 만들 것입니다. 그렇게 되면 중국은 더는 티베트의 안전에 대해 조작된 선전을 할 필요가 없어질 것입니다.

티베트는 1949년 이전 역사 어디에서도 중국의 일부가 아니다

라싸의 포탈라 궁전

환구시보의 쉬하이린 기자는 최근 “티베트에 관한 서방 언론 보도는 편향으로 가득 차 있다”는 기사를 실었습니다. 그러나 이 기사의 아이러니는 서방 언론의 무지와 오도를 비판하고 있지만, 기사의 첫 문단 자체가 기자의 심각한 무지와 오도 의지를 보여주고 있다는 것입니다.

그는 이렇게 말합니다. “티베트는 고대부터 중국의 불가분한 영토다. 이것은 티베트 문제에 대해 이야기하려는 모든 사람의 전제 조건이다. 이것이 없다면 어떤 비판도 자기 만족하는 오락에 불과하며, 티베트에서 일어나고 있는 일에 대해 올바르고 포괄적인 이해를 할 수 없다.”

여러 차례 언급했지만, 티베트는 고대부터 독립 국가였으며, 역사상 어디에서도 중국 일부가 아닙니다. 1949년에 공산주의 중국이 강제로 티베트를 점령하고 그 지역에서 가혹한 통치를 시작하면서 상황이 달라졌습니다. ‘중국의 불가분한 영토’라는 무지한 말을 전제해야 한다면, 중국 공산당 정권은 스스로 부끄러움을 알고 만리장성의 풀숲에 숨어야 할 것입니다.

기원전 400년경 티베트 최초의 왕 냐티 쩬뽀གཉའ་ཁྲི་བཙན་པོ། 시대 이후 9세기 중반까지 43명의 왕이 티베트를 통치했습니다. 이어서 싸꺄빠ས་སྐྱ་པ།, 팍모두빠ཕག་མོ་གྲུ་པ།, 린뿡རིན་སྤུངས།, 짱빠གཙང་པ། 정권을 거쳐서 1959년 중국이 티베트를 완전히 장악하기 전까지 달라이 라마가 통치했습니다. 이 세월 동안 티베트는 인접 나라인 인도, 중국, 몽골, 네팔과 전쟁, 평화, 타협의 다양한 관계를 유지해 왔습니다. 중국이 아무리 왜곡하고 싶어도, 7세기 당나라 태종이 티베트의 왕 쏭쩬 감뽀의 위세 앞에 굴복하여 자신의 딸 문성공주를 시집보낸 사실은 부인할 수 없을 것입니다.

763년 티쏭 데쩬 왕의 통치 기간 동안, 티베트군은 중국의 수도 장안(현재의 시안)을 점령하고 우호적인 관계였던 청충[19]을 새 황제로 옹립했습니다. 그리고 821년 티렐 빠쩬 왕 시대에는 티베트와

---

[19] 청충은 광무군왕廣武郡王 이승굉李承宏의 음역입니다.

중국 사이에 평화 조약을 체결했습니다. “티베트인들은 티베트에서 행복하고, 중국인들은 중국에서 행복해야 한다. 두 나라는 서로 영토를 침범하지 않을 것이다.”라고 선언했습니다. 이 협정문은 티베트어로 도링རྡོ་རིང།이라고 하는 석주에 새겨 중국 도시 장안, 티베트 수도 라싸, 그리고 양국의 국경이던 군구 메루Gungu Meru[20]에 세웠습니다. 라싸의 석주는 이러한 역사적 사실들을 증명합니다.

이후 13세기에 이르러, 다른 국가들과 마찬가지로 티베트와 중국도 몽골 제국의 영향 아래 들어갔습니다. 중국이 원 왕조(1279~1368) 하에서 몽골 황제들이 직접 통치했던 반면, 티베트는 몽골 황제들과 싸꺄빠 라마들 사이의 사제-후원자 관계를 유지하며 완전한 자치를 누렸습니다. 그리고 티베트는 1350년에 몽골의 영향에서 벗어난 반면, 중국은 1368년에야 자유로워졌습니다. 따라서 중국이 몽골 원 왕조에서 티베트를 물려받았다는 주장은 전혀 근거가 없습니다.

17세기 중반부터 시작된 달라이 라마의 통치 시기에도 몽골, 중국, 네팔이 때때로 티베트에 영향을 미쳤지만, 그 어느 것도 티베트의 독립을 위협할 정도는 아니었습니다. 티베트가 영국과 러시아 제국의 그레이트 게임Great Game[21]의 영향 아래에 있음을 알았을 때,

---

20 라싸에 있는 석주는 현재까지도 존재하며 조캉 사원 앞에 서 있습니다. 이 비석은 티베트어와 중국어 두 언어로 기록되어 있어 역사적으로 매우 중요한 자료입니다. 그러나 국경에 세운 군구 메루의 석주는 발견되지 않았고 위치 또한 현재의 간쑤성과 산시성 경계 부근 서쪽 지역으로 추정하지만 확인되지 않았습니다.

21 19세기 초부터 20세기 초까지 약 100년간 중앙아시아의 패권을 두고 영

13대 달라이 라마는 1913년 2월 13일, 티베트의 독립을 선언했습니다.

중국 공산당 지도부와 학자들은, 중화인민공화국 이전의 중국의 어떤 공식 문서도 티베트가 중국의 일부임을 드러내지 않는다는 점에 주목해야 합니다. 중국 역사 전문가인 라우한샹 교수는 그의 발표에서 명(1368~1644)과 청(1644~1912) 왕조의 오래된 공식 문서들이, 티베트를 외국으로 기록했다고 밝혔습니다. "티베트는 1949년 이전에 결코 중국의 일부가 아니다."라고 대중 연설을 통해 분명하게 설명했습니다. 따라서 티베트가 고대부터 중국의 불가분한 일부였다는 쉬하이린 기자의 주장은 역사적 사실도 결여된 데다 근거 없는 개인적인 주장일 뿐입니다.

이제 공산주의 체제에 의한 "100만 농노의 해방, 민주주의, 인권, 티베트어의 증진" 등에 관한 주제로 넘어가겠습니다. 이 모든 게 사실이라면 왜 티베트 방문에 심한 통제와 제한이 있을까요? 왜 티베트는 여전히 봉쇄되어 있을까요? 왜 티베트 지역에서 치안 부대, 군용 탱크, 감시 카메라, 제한과 체포가 증가할까요? 왜 티베트에 새로운 강제 수용소를 건설하고 있을까요?

중국 외교부 부부장 러유청은 최근 유엔 인권이사회HRC에서 "티베트는 안정과 발전을 누리고 있으며, 티베트 사람들은 자유롭고 행

국 제국과 러시아 제국 사이에 벌어진 지정학적 경쟁과 냉전을 가리킵니다. 러시아는 남쪽으로 영토를 확장하여 인도양의 부동항을 확보하려 했고 영국은 자국의 중요한 식민지였던 인도를 보호하기 위해 러시아의 남하를 저지하려 했습니다.

복한 삶을 누리고 있다"고 말했습니다. 만약 이것이 진실이라면, 이러한 주장을 확인하기 위해 티베트를 방문하려는 유엔 인권 이사회 대표단의 요청을 왜 중국은 거부했을까요?

중국은 '왜'라는 질문에 답해야 합니다. 티베트인들과 국제사회에 자신들의 정직함을 주지시켜야 합니다. 이것이 바로 티베트에 대한 자신들의 업적이나 티베트인들의 행복한 삶을 거짓 선전하기 전에 먼저 이루어야 할 사항입니다.

중국 공산당 지도부는
달라이 라마에 대한 맹비난을 중단해야 한다

우잉제, 티베트 자치구의 중국 공산당 책임자 (사진/자료영상)

중국 지도부는 종종 달라이 라마 성하를 분리주의자라고 비난합니다. 그러나 중국 지도부와 지역 지도자들의 행동과 연설을 분석해 보면 실제로는 그 반대입니다. 환구시보에 〈베이징은 달라이 라마의 분리주의 목표에 대항하여 계속 싸울 것〉이라는 기사 제목만 보더라도 달라이 라마 성하를 향한 악의적인 비난을 볼 수 있습니다. 티베트 자치구 중국 공산당 책임자인 우잉제는 제13차 전국인민대표대회에서 "달라이 라마는 티베트를 위해 단 한 가지 좋은 일도 하지 않았다"고 말하면서 달라이 라마를 분리주의자이자 지역 안보에 위험한 인물로 비난했습니다.

중국의 고위 인사들이 공식석상에서 달라이 라마 성하에 대해 불경스럽고도 무례한 중상모략을 일삼는 태도는 티베트인들의 정서에 어긋나는 언행입니다. 티베트인들의 신앙과 달라이 라마 성하가 평화와 비폭력의 선지자로서 얻은 국제적 인정을 고려할 때, 달라이 라마 성하에 대한 우잉제의 맹비난은 모욕적인 데다 자신의 품위까지 떨어뜨리고 있음을 알아야 합니다. 이는 티베트와 중국 간의 협상이나 대화에 대한 희망을 위협하려는 의도적인 시도이며 더욱 불화를 조장하기 위해 계획된 것으로 이해할 수밖에 없습니다.

달라이 라마 성하는 1974년부터 중국 정부와 티베트 문제를 해결하기 위한 중도적 접근 정책을 추구해 왔습니다. 이는 후에 전 세계적으로 '중도 정책Middle-Way Policy'으로 유명해졌습니다. 이 정책은 티베트 망명정부 의회가 지지했고 까쌱བཀའ་ཤག[22]이 중국-티베트 문제를 해결하기 위한 원칙적 정책으로 채택했습니다.

2008년에 진행한 제8차 티베트와 중국 간의 대화에서 티베트 측은 〈티베트인을 위한 진정한 자치에 관한 각서〉를 중국 지도부에

---

[22] 까쌱བཀའ་ཤག은 티베트의 내각 혹은 각료 회의를 의미하며, 1721년에 처음 설립되었습니다. 청나라 시대부터 1950년대까지 티베트의 통치 기구로 기능했으며, 현재는 티베트 망명정부의 행정부를 가리킵니다. 티베트어 까བཀའ།는 '명령', '지시'를 뜻하고, 쌱ཤག은 '사무실', '부서'를 의미합니다. 따라서 까쌱བཀའ་ཤག을 직역하면 '명령을 내리는 사무실', '지시를 내리는 부서'라는 의미입니다.

제출했습니다. 중도 정책의 핵심은 '티베트인들은 중국에서 분리를 추구하지 않으며 중화인민공화국과 연관되어 남을 것이지만, 대신 중국은 티베트에서 억압적 정책을 중단하고 중국 헌법에 명시된 대로 티베트인들에게 종교, 언어, 문화의 자유를 부여해야 한다'는 것입니다.

자치에 관한 각서의 내용을 인용해 보겠습니다.

"중도 정책의 본질은 중화인민공화국 헌법 범위 내에서 티베트인들을 위한 진정한 자치를 확보하는 것이다. 이는 상호 이익이 되며 장기적으로도 티베트와 중국의 모든 국민에게 이익이 될 것이다. 우리는 분리나 독립을 추구하지 않기로 확고히 약속한다. 우리는 중화인민공화국 헌법의 원칙과 부합하는 자치를 통해 티베트 문제의 해결책을 찾기를 원한다."

이 각서는 티베트인들의 열망과 기본적인 요구를 담고 있습니다. 이를 접한 중국 학자, 작가, 언론인, 일반 대중은 티베트 측의 이 진정한 화해 시도를 환영하고 높이 평가했습니다. 많은 이들이 달라이 라마 성하를 방문하여 이 중도 정책 지지를 확인했습니다. 중국 정부의 검열에도 불구하고, 이 정책을 지지하는 중국 학자들의 기사와 논평 900개 이상이 발표되었습니다. 또한 해외의 지도자들과 국제사회도 이 정책을 지지했습니다.

그런데도 중국 지도부는 티베트 측의 이러한 진실한 제의를 거부했습니다. 그리고 달라이 라마 성하를 분리주의자로 계속 비난했습니다. 중국 지도부는 각서의 내용을 왜곡하고 달라이 라마 성하를 비판함으로써 중국인과 티베트인 사이에 더 큰 균열을 만들어가고 있습니다. 티베트 망명정부가 문제를 해결하고자 조화로운 분위기를 조성하며 최선을 다하는 동안, 중국 지도부는 평화와 대화의 모든 통로를 해체하고 있습니다. 여기에는 평화와 대화를 위한 노력은 조금도 없습니다. 그들이 말하는 분리주의자란 도대체 누구를 말하는 겁니까?

우잉제는 "달라이 라마는 티베트를 위해 단 한 가지 좋은 일도 하지 않았다"고 말하지만, 중국의 강압 하에 17개조 협약이 체결된 이후 달라이 라마는 가급적 중국의 요구를 수용하기 위해 최선을 다했습니다. 티베트에서 70년간의 통치를 이어오며 공산주의 체제가 뿌리째 없애려고 한 티베트의 종교, 문화, 언어의 정체성은 달라이 라마 성하의 노력 덕분에 망명지에서 살아남아 더욱 활발하게 꽃피우고 있다는 점에 주목해야 합니다. 중국의 독재적이고 잔인한 통치에도, 티베트의 티베트인들은 달라이 라마 성하가 옹호하는 비폭력 투쟁의 원칙을 지켜왔습니다.

중국이 티베트 땅에서 파괴한 것을, 티베트인들은 망명지에서 재건했습니다. 중국은 자국민들에게도 민주주의와 인권을 부여하지 않았지만 망명 티베트인들은 모든 사람이 평등한 권리를 누리는 건강한 민주적 체제를 만들었습니다. 만약 공산주의 지도부가 티베트 문제를 진지하게 해결할 의향이 있다면, 먼저 지역 지도자들이 달라이 라마 성하에 대해 이런 근거 없는 비난을 중단시켜야 합니다. 인민해방군의 총과 위협 아래에서 티베트인들은 자신들의 목소리를 내기 어렵겠지만 마음 깊은 곳에서는 중국이 자신들의 뗀다བསྟན་དགྲ[23] 즉 '불교의 적'이라는 그들의 믿음만 더욱 확고하게 자리 잡을 것입니다.

[23] 뗀다བསྟན་དགྲ에서 뗀བསྟན།은 '교리', '가르침'을 의미하는데 주로 불교의 가르침을 일컫고, 다དགྲ는 '적', '원수'를 의미합니다. 뗀다를 직역하면 '교리의 적'이나 '불교 가르침의 적'이라는 뜻으로, 티베트 불교 맥락에서는 불교의 가르침을 위협하거나 억압하는 세력을 지칭하는 단어입니다.

중국 지도부가 티베트 대표와 회담을 회피하는 이유

주웨이췬 중국 공산당 통일전선부 부부장 (사진/신화통신사)

주웨이췬(중국 공산당 통일전선부 전 부부장 겸 민족종교위원회 전 의장)은 최근 환구시보의 기사와 달라이 라마 성하에 대한 맹비난에서 "달라이 라마와 조건 없는 협상은 불가능하다"고 말했습니다. 그는 같은 기사에서 테리 브랜스타드Terry Branstad 주중 미국대사가 중국의 내정에 간섭한다고 비난했습니다. 테리 브랜스타드는 2019년 5월 티베트 방문 중 중국 당국에 티베트 문제 해결을 위해 달라이 라마 성하의 특사와 어떤 전제 조건도 없이 실질적인 대화가 필요하다고 지적했기 때문입니다.

주웨이친은 2002년부터 2010년까지 중국과 티베트 간의 대화에서 주요 구성원 중 한 명이었습니다. 그러나 이 대화는 아무런 구체적인 결과 없이 종료되었습니다. 이제 주웨이친과 중국 지도부가 중국-티베트 대화에 전제 조건을 고집하는 이유를 살펴보겠습니다. 비록 아홉 차례 회담에서 티베트는 어떤 긍정적인 결과도 얻지 못했지만, 중국에는 크게 도움이 되었습니다.

첫째, 대화를 하는 동안 국제적인 비난을 어느 정도 잠재울 수 있었습니다.

둘째, 2008년 베이징 올림픽 개최권을 얻었습니다.

셋째, 가장 중요하기로는 티베트인들이 정확히 무엇을 원하는지 이해하기 위함이었습니다.

첫 번째와 두 번째는 중국에 유리하게 작용했습니다. 그러나 세 번째에서 티베트 측이 요구한 '티베트를 위한 진정한 자치'는 중국 지도부 사이에 아드레날린이 솟구칠 정도로 큰 충격을 주었습니다. 이 내용은 중국 헌법에도 명시되어 있어서 그들은 경각심을 갖지 않을 수 없었을 것입니다. 거부한다면 헌법 위반을 의미하며 이는 중국 인민과 국제사회의 항의를 초래할 것입니다. 따라서 그들은 교묘하게 티베트인들의 진정한 자치에 관한 요구를 의도적으로 왜곡 해석하는 방식을 취했습니다. '변장한 독립', '더 큰 티베트 요구', '티베트 땅에서 중국인 추방' 등으로 왜곡 선전하며 협상을 거부했습니다. 또한 정보를 차단함으로써 중국의 일반 시민을 비롯해 지도부라 하더라도 많은 이들이 티베트 측의 정확한 요구와 각서의 내용을 알지 못합니다.

2002년 이후 진행된 아홉 차례 대화를 통해 중국은 진실한 협상에 들어갈 합법적 근거가 없음을 깨달았습니다. 티베트 지배는 군사적 침공이고, 17개조 협약은 티베트 침략을 위한 구실에 불과하며 그마저도 티베트 측에 강요한 것임을 알았습니다. 한편 티베트인들의 요구는 중국 헌법과도, 17개조 협약과도 모순되지 않습니다. 따라서 진실과 정의는 티베트 편입니다. 합법적인 협상에 들어가면 중국은 불리해질 수 있음을 안 것입니다. 중국이 이러한 상황을 극복하기 위해서는 이제라도 겸허하게 역사를 되돌려 놓거나 아니면 더 무리한 조작을 감행하는, 전혀 다른 두 가지 선택지가 있을 것입니다. 결국 중국은 더 무리수를 두는 쪽을 택했습니다.

주웨이췬은 두 가지 전제 조건을 언급했습니다.

첫째, "회담은 중국 정부와 티베트 망명정부 또는 중앙 티베트 행정부 사이의 것이 아니고, 티베트인과 중국인의 것도 아니며, 티베트와 중국의 회담도 아니다."

둘째, "달라이 라마는 티베트와 대만이 중국의 불가분한 일부임을 받아들이고 모든 분리주의적이고 파괴적인 활동을 중단해야 한다."

이 내용을 잘 보면, 중국 측의 의도는 회담 자체를 회피하기 위함이 분명합니다. 공산당 지도부에게 문제를 해결할 진지한 의도가 없음을 보여줍니다. 또한 "달라이 라마와 조건 없는 협상을 하는 것은 불가능하다"는 발언도 마찬가지로, 자유롭고 공정한 대화나 협상을 진행하면 티베트에 유리해 보이기 때문에 의도적으로 회담을 회피하는 것입니다.

중국 지도부는 달라이 라마가 나이가 들어감에 따라 티베트 문제도 함께 사라지기를 기다리고 있음이 분명합니다. 그들이 소위 "티베트 문제는 존재하지 않는다"고 아무리 말한다 해도 티베트 문제 자체를 사라지게 할 수는 없습니다.

중국은 막강한 군사력과 경제력 때문에 자신들을 무적함대로 여기고 있습니다. 달라이 라마 성하와 티베트인들은 진실의 힘 외에는 아무것도 가지고 있지 않습니다. 이는 성경의 다윗과 골리앗 이야기를 떠올립니다. 힘센 거인 골리앗이 어린 소년 다윗에게 패배한 이야기입니다. 이 비유와 함께, 뉴질랜드에서 태어난 티베트계 14세 소년의 비자 문제 에피소드를 통해서도 중국 측 주장의 취약성을 보여줍니다. 최근에 티베트계 14세 소년이 중국에서 열리는 축구 경기에 참석할 수 있도록 비자를 신청했지만 뉴질랜드 중국 대사관은 이를 거부했습니다.

이는 중국이 티베트와 티베트인들에 대해 얼마나 두려워하고 취약한지 보여줍니다. 죄책감이라도 가진 사람이라면 스스로 부끄러움을 알 것입니다. 하지만 중국 정부는 그렇지 않습니다. 메시지는 분명합니다. 막강한 군사력과 경제력에도 불구하고, 14세 소년은 전체주의 정권을 불안하게 하기에 충분합니다. 그렇다면 완전히 성장한 티베트인은 어떨까요? 아니, 티베트인 전체가 가지는 강한 정신적인 힘에 대해서는 두말할 것도 없을 것입니다.

따라서 주웨이췬의 "티베트 문제는 존재하지 않는다"는 말은 잘못되었습니다. 중국이 티베트를 강제 점령하고 있는 한, 티베트 문제는 있습니다. 티베트인이 절반 혹은 4분의 1, 또는 마지막 한 명만

남는다 해도 티베트 문제는 살아남을 것입니다.

역사를 왜곡하고 달라이 라마 성하를 비방하는 대신, 중국은 현실을 받아들이고 국가 헌법에 명시된 대로 티베트에 정당한 자치권을 주어야 합니다.

중국의 방위 백서: 설탕으로 코팅된 칼날

2019년 중국 정부가 발표한 방위 백서 '새로운 시대의 중국 국방'
(사진/환구시보)

지금 홍콩에서는 혼란이 가중되고 있으며 대만에서는 독립을 요구하는 목소리가 높아지고 있습니다. 티베트와 위구르에서는 억압과 문화적 대학살, 그리고 미국과 무역 전쟁 격화 속에서 중국은 2019년 7월 24일에 〈새로운 시대의 중국 국방〉이라는 백서를 발표했습니다. 신화통신과 환구시보는 즉각 백서 내용을 충실히 논평하며 정당화했습니다.

6개 장으로 구성되어 있으며 공식 영어판은 51페이지 분량인 백서는, 중국이 요새화된 국방과 강력한 군대를 건설해야 할 필요성을 정당화하고 있습니다. 백서의 목적은 "국제사회가 중국의 국방을 더 잘 이해하도록 돕기 위해 중국의 방어적 국방 정책을 설명하고, 요새화된 국방과 강력한 군대를 건설하려는 노력의 실천, 목적, 중요성을 설명하는 것"이라고 합니다. 그리고 "평화는 전 세계 사람들의 공통된 열망"이라고 기술했습니다.

백서는 중국 군대의 활동과 인민해방군PLA의 존재를 정당화하기 위한 평화, 협력, 발전에 관한 많은 내용을 담고 있습니다. 이와 함께 대만에는 엄중한 경고를 내리고 티베트와 위구르에 대해서는 국가 안보 위기로 규정하고 있습니다. 홍콩은 의도적으로 생략한 것 같지만, 암묵적 표적이라는 사실은 누구나 인지할 수 있을 것입니다.

백서에 "중국은 패권, 확장, 영향권을 결코 추구하지 않을 것"이라고 적은 것은 환영할 만한 소식입니다. 우리는 모두 이것이 사실이기를 얼마나 바라는지 모릅니다. 그러나 안타깝게도 중국이 과거에 발행한 티베트 관련 백서에서 의도적으로 역사를 왜곡해 온 것을 본다면, 중국 전문가들과 국제사회는 이 진술을 액면 그대로 받아들이지 않을 것입니다.

중국은 패권을 추구하지 않는다고 말하지만, 티베트와 같이 이미 불법 점령하에 있는 지역은 어떻습니까? 미국의 국제공화당연구소IRI의 2019년도 보고서 〈중국의 악의적인 영향력과 민주주의의 부식〉에 따르면 중국 일대일로의 정책BRI에 의한 채무 함정을 통해 항구, 언론, 경제, 민생 등을 빼앗긴 개발도상국이 열두 나라나 된다고 합니다. 이 나라들에 대해서는 어떻습니까?

백서에서는 "중국이 아무리 발전하더라도 다른 나라를 위협하거나 어떤 영향권도 추구하지 않을 것"이라고 말합니다. 그러나 최근 중국의 네팔에 대한 간섭은 영향권의 한계를 넘어섰습니다. 티베트 망명정부의 전 하원의장 뻰빠 체링སྤེན་པ་ཚེ་རིང་།과 비슷한 이름을 가진 티베트계 미국인을 네팔 이민국이 추방한 사건은 중국이 네팔의 행정에 얼마나 독재적인 권위를 행사하고 있는지 보여줍니다.

또 백서에서 "중국은 절대 위협하지 않을 것"이라고 합니다. 그러나 최근 중국은 14대 달라이 라마의 환생에 관해서 중국의 지시를 따라야 한다고 경고하며 인도를 위협했습니다.

백서는 "창립 이후 70년 동안, 중화인민공화국은 어떤 전쟁이나 대립도 먼저 시작한 적이 없다"고도 말합니다. 1950년 티베트는 불법 점령한 것이 아닙니까? 그렇다면 무엇이 120만 티베트인의 죽음과 달라이 라마 성하와 티베트인들의 망명을 초래했습니까? 1962년 인도에 대한 중국의 침략, 소위 중국-인도 전쟁, 그리고 인도가 경험한 수많은 국경 침입은 무엇입니까? 가장 최근의 사건으로 2017년 독람འབྲོག་ལམ། 지역의 대치[24]로 인해 교착 상태에 있습니다.

---

[24] 2017년 6월 중국이 부탄과 인도 사이의 분쟁 지역인 독람 고원에서 도로 건설을 시작하면서 갈등이 촉발되었습니다. 이 지역은 부탄이 영유권을 주장하는 곳으로, 인도는 부탄과 특별한 관계와 안보 협정에 따라 중국의 도로 건설에 개입했습니다. 인도군은 중국의 도로 건설이 인도의 전략적 요충지인 치킨 넥Chicken's Neck이라 불리는 실리구리 회랑Siliguri Corridor에 위협이 된다고 판단했습니다. 회랑은 인도 본토와 북동부 7개 주를 연결하는 좁은 지역입니다. 결국 이 대치는 약 73일간 지속되었으며, 2017년 8월

여기서 중요한 질문이 생깁니다. 중국은 왜 이 시점에 국가 방위 백서를 발표했을까요? 현재 상황을 둘러싼 사실을 분석하면, 중국이 군대와 인민해방군을 이용해 시민들을 불안하게 하여 항의를 억제하려는 의도가 있음을 엿볼 수 있습니다. 특히 홍콩은 이를 분명히 경계해야 합니다. 독립을 추진하는 대만에 대해 호전적인 어조로 경고하는 한편, 티베트와 위구르는 단지 중국의 국가 안보와 사회 안정에 대한 위협으로 언급하고 있습니다.

또한 백서는 미국의 정책에 대해 공개적으로 도전하고 공격했습니다. 트럼프 행정부가 항해의 자유 원칙을 내세워 남중국해에서 활발한 활동을 하고 있다고 비난했습니다. 그러나 중국은 이러한 활동을 활발하게 한 원인이 무엇인지부터 반성해야 합니다. 평화로운 남중국해와 동중국해의 평화를 가장 먼저 방해한 나라는 어디입니까? 이 지역에서 중국과 갈등을 겪지 않는 국가가 있습니까?

백서의 무서운 점은, 환구시보에서 명시한 그 목적입니다. "중국 공산당의 지도력과 사회주의 체제를 공고히 하기 위한 전략적 지원을 제공하고, 국가 주권, 통일, 영토 보전 수호, 중국의 해외 이익 보호, 세계 평화와 발전을 촉진하는 것이 중국 인민해방군의 사명과 목적이며, 이 목적은 백서에서 최초로 정의된 것"이라고 말했습니다.

위의 진술은 공산주의 체제와 갈등을 겪고 있는 사람들에게 더 나

28일 양국이 상호 철수에 합의하면서 종결되었습니다. 하지만 이 사건은 양국 관계에 상당한 긴장을 초래했고, 이후에도 국경 지역에서 군사 인프라 강화로 이어졌습니다.

쁜 시기가 올 것임을 예고합니다. 티베트와 위구르는 이미 완전히 군사 통제 하에 있지만, 인민해방군이 참여하는 더 많은 억압이 임박했음을 경고합니다. 이미 티베트에서 위구르 유형의 구금 센터나 강제 수용소를 건설하고 있다는 소식이 있습니다. 백서의 즉각적인 표적은 홍콩과 대만입니다. 중국은 홍콩과 대만에서 군사 행동에 대해 해외의 승인을 간접적으로 구하고 있습니다. 이는 군대와 인민해방군이 홍콩 거리에, 나중에는 대만을 장악할 것임을 국제사회에 알리는 명확한 메시지입니다.

중국의 인권 백서: 노골적인 거짓

중국 국무원 정보판공실이 간행한 백서 (사진/CCTV)

2019년 9월 22일 중화인민공화국 국무원 정보판공실은, 지난 70년 동안 중국이 달성한 인권 향상에 관한 백서를 발표했습니다. 백서의 제목은 〈인간의 행복 추구: 중국의 인권 진보 70년〉입니다. 이 백서는 10월 1일에 있을 중화인민공화국 창립 70주년 기념 대규모 축하 행사를 앞두고 발표한 전주곡으로 볼 수 있습니다.

백서는 총 8개 장으로 구성되어 있으며, 처음 4개 장은 마오쩌둥에서 덩샤오핑, 시진핑으로 이어지는 세 단계에서 역사적 발전에 관한 것으로 모두 장밋빛 그림으로 묘사했습니다.

5장에서는 주로 티베트를 포함한 소수민족 지역의 인권 상황에 관한 것으로, 모두 과장된 주장들입니다. 나머지 세 장은 중국이 어떻게 '책임감 있게' 전 세계적으로 인권 증진에 이바지했는지에 관한 내용입니다.

만약 백서에서 주장한 내용이 사실이라면 노벨평화상은 중국 지도부에게 가야 할 것입니다. 안타깝게도 백서는 완전한 허구입니다. 이것이 모두 사실이라면 얼마나 좋을까 바랄 뿐입니다. 백서는 1949년 중화인민공화국 창립 이후 중국에서 인권이 장밋빛으로 진화하는 과정을 묘사합니다. 대약진 운동과 기근, 문화 대혁명의 잔혹함, 천안문 광장 학살 등 중국인과 다른 소수민족이 겪은 비극과 고통은 모두 빠져 있고, 고대 기념물의 외진 구석에 감춰져 있습니다.

소수민족 지역에서는 지역의 완전한 자치권을 자랑하며 이러한 자치 지역의 지도자와 행정관들이 지역민 출신이라고 주장합니다. 또한 지역의 교육은 발전했고 소수민족의 언어는 보호받고 있다고 기술했습니다.

그러나 티베트가 점령당한 70년 동안의 경험을 보면, 당 서기 14명이 모두 한족 중국인이었고, 티베트인 부서기들이 몇 명 임명되었지만 이름만 올라가 있을 뿐 실권은 없었습니다. 대부분의 행정 결정권은 중국인 간부들 손에 있었습니다. 백서는 소수민족 언어 보호를 이야기하지만, 실제로 중국은 티베트에서 티베트어를 제2의 언어로 만들어버렸습니다. 취업이나 비즈니스를 위해서도 중국어 능력이 중시되고 우선권이 주어집니다. 사원에서 아이들에게 티베트어 가르치기를 금지했습니다.

백서는 또 "소수민족의 종교적 자유는 보호되고 있다. 환생 활불에 의한 계승은 티베트 불교 특유의 체계이며, 국가나 자치구 등 다양한 수준의 정부에 의해 존중받고 있다."라고 말합니다.

그러나 실제로 티베트인들에 대한 종교적, 문화적 권리 침해는 심각한 상태입니다. 티베트 라마들의 환생은 매우 신성하고 영적인 문제입니다. 종교와 영성을 믿지 않는 중국 공산당은 이 문제에 간섭할 권리가 없습니다. 소위 〈국가종교사무국 5호 명령〉[25]은 티베트인들의 종교적 정서에 대한 심각한 모욕입니다. 또한 중국 지도부는 달라이 라마의 환생 선택에 간섭하지 말아야 합니다. 지난 달, 중국은 티베트 승려 약 100명을 대상으로 환생 문제에 관한 세뇌 워크숍을 개최했습니다. 워크숍도 명목뿐인 행사였으며 이 문제에 관해 승려들은 당의 지시를 따르도록 위협했습니다. 중국 정부가 지속적으로 티베트 불교에 대해 간섭한다면 티베트인들의 불신은 더욱 커지고 중국 정부와 멀어지게만 할 것입니다.

백서의 마지막 세 장은 중국이 어떻게 법치를 강화했는지, 어떻게 인권의 국제 조직에 참여했는지, 그리고 인권 문제를 해결하기 위해

[25] 이 명령은 2007년 8월 3일 중국 국가종교사무국State Administration for Religious Affairs에서 공식 발표한 법령으로, 정식 명칭은 '티베트 불교 환생(뛸꾸) 관리에 관한 조치'입니다. 주요 내용으로는, 모든 환생 라마(뛸꾸)는 중국 정부의 승인을 받아야 하며, 국가종교사무국과 관련 정부 부처의 승인을 받지 않은 환생 라마는 불법으로 간주하고, 외국 단체나 개인이 중국 내 티베트 불교 환생 과정에 개입하는 것을 금지하며, 인정된 환생 라마의 교육과 훈련 과정도 중국 정부의 감독하에 이루어져야 하고, 금병을 사용한 제비뽑기 의식도 정부 관리의 감독하에 진행해야 한다는 것이 골자입니다.

어떤 노력을 해왔는지를 기술했습니다. 세계의 인권 상황을 감시하고 있는 단체들은 분명 박장대소할 것입니다.

중국의 주장이 무엇이든, 지금 홍콩에서 일어나고 있는 상황을 보면 진실을 알 수 있습니다. 1997년 홍콩이 중국에 반환되었을 때 중국 정부가 약속한 것을 지키지 않은 데다, 체제의 억압적 정책 때문에 홍콩 사람들은 저항하고 있습니다. 중국은 티베트인들에게도 똑같은 행위를 반복했습니다. 1951년의 강제 17개조 협약이 바로 그것입니다.

백서에서 중국은 인권의 국제적 대의를 발전시켜 왔다고 말합니다. 그러나 유엔 포럼에서 제기된 티베트 인권 항소를 지속적으로 차단하려 했습니다. 2019년 2월 제네바의 중국 대표부는, 달라이라마를 포함한 인권 활동가 15명이 유엔 인권이사회 연례 회의에 참석하지 못하도록 유엔에 서한을 보냈습니다. 또한 위구르 소수민족의 목소리를 억누르기 위해 다른 독재자들과 함께 강력한 로비를 벌였습니다.

국제인권단체에서는 이와 같이 말합니다.

"중국은 회원국들에게 압력을 가하고 있으며 특히 일대일로 정책으로 중국에 경제적으로 의존하는 회원 국가에 압력을 가했다. 5년마다 국가의 인권 기록을 검토하는 보편적 정례 검토 기간 동안, 중국은 다른 국가들에게 중국에 대해 긍정적인 평가를 제출하도록 요구했으며 만약 중국을 비판한다면 그에 상응하는 좋지 않은 결과가 있을 거라고 협박했다. 또한 정부가 후원하는 단체의 대표는 유엔 포럼에 참석하여 발언하도록 허용하면서, 비판적인 비정부 기관과 활동가들은 포럼 참여조차 금지했다."

요약하자면, 지난 70년간 중국의 인권 상황이 개선되었다고 주장하는 중국 공산당의 백서는 중국과 점령 지역, 특히 티베트에서 자행한 모든 인권 침해를 은폐하기 위한 또다른 불명예스러운 시도에 불과합니다.

만약 중국이 정말 '중국이 이룬 인권 보호의 찬란한 역사'와 '티베트의 사회주의 낙원'이라는 주장을 진지하게 여긴다면 유엔 인권위원회, 외교관, 언론인들과 티베트 행정부 대표들이 티베트를 방문하여 상황을 있는 그대로 평가할 수 있도록 해야 합니다. 국가 창립일 70주년과 같은 중요한 행사에서 백서라는 명목으로 발표한 허위 주장은 야심찬 초강대국에 어울리지 않는 일입니다.

주 인도 중국대사의 성명은 사실이 아니다

티베트 자치구 라싸의 포탈라 궁에서 중국 공산당 창립 96주년을
기념하는 행사 중에 중국 국기를 게양하고 있다.
2017년 7월 1일, 중국 (사진/CNS/허펑레이)

인도 주재 중국 대사인 쑨웨이동의 〈중국의 티베트: 진보의 이야기〉 2019년 11월 6일자 힌두스탄 타임즈 기사는 오도되었고 사실이 아닙니다. 이는 세상이 믿기를 바라는 중국 공산당 지도부의 의도를 반영한 것에 불과합니다. 그리고 신화통신은 바로 다음 날 신속하게 해외에 공유했습니다.

그러나 티베트인들에게 중국 통치 70년은 진보, 발전, 종교 자유의 역사가 아니었습니다. 반대로, 억압과 점령의 70년이었습니다. 대사는 "티베트는 고대부터 중국의 일부였다. 그들은 발전과 진보를 누리고 있다!"라고 말했습니다! 중국이 인도에서 이러한 진술을 하는 대담함에 놀랐습니다. 그 누구보다도 인도는 이 세월 동안 티베트가 겪은 진실을 가장 잘 아는 나라입니다. 다음 사실들을 쑨웨이동 대사와 중국 지도부에게 명확히 알려드리겠습니다.

7세기 티베트 황제 쏭짼 감뽀에게 당 태종은 딸 문성공주를 시집보냈습니다. 공주는 다섯 번째 왕비였습니다. 또한 티베트 불교는 중국이 아닌 인도에서 기원했습니다.

티베트에 불교를 전한 것도 인도 성자 빠드마 삼바바입니다. 빠드마 삼바바는 여전히 티베트에서 제2의 부처님으로 존경받고 있습니다. 인도의 여러 스승이 티베트를 방문하여 불교를 가르쳤고, 여러 티베트 스승이 가르침을 얻기 위해 인도로 떠났습니다. 인도와 티베트는 활발하게 오가는 관계가 이어졌습니다. 반면 티베트 라마들이 불교를 전하기 위해 중국을 방문했지만, 중국 쪽에서 티베트를 방문하여 가르친 기록은 없습니다. 따라서 불교가 중국에서 티베트로 전해졌다는 대사의 주장은 잘못된 것입니다.

쿠빌라이 칸이 1271년에 원나라를 세웠고, 원 왕조 설립 훨씬 이전부터 티베트와 몽골은 사제-후원자라는 특별한 관계를 누렸습니다. 중국이 원나라의 지배 하에 들어간 것은, 쿠빌라이 칸이 1279년에 남송 제국을 침략할 때였습니다. 즉, 당시 중국은 원나라가 정복한 영토의 일부일 뿐, 원 왕조의 계승과는 아무런 관계가 없습니다. 그러므로 몽골이 티베트를 통치했다는 이유로 중국이 티베트 지배의 정당성을 주장하는 것은 터무니없습니다. 그런 논리라면 오히려 중국보다 몽골이 티베트의 영유권을 주장하는 것이 타당할 것입니다.

중국은 1368년, 티베트보다 18년 후에 몽골에서 독립하여 명나라(1368~1644)를 건국했습니다. 원과 명 시대의 역사 기록과 지도는 티베트를 명백하게 '외국'으로 보여줍니다. 원 제국에는 12개의 주요 성이 있었지만, 티베트는 포함되지 않았습니다. 비록 티베트가 몽골의 영향 아래 있었지만, 1253년 이후로는 몽골이 아닌 싸꺄빠 법맥의 라마들이 통치했기 때문입니다. 명 왕조 시대인 1594년 중국 법률 관리 왕펀이 그린 중국 영토 지도에서도 티베트는 제외되어 있습니다. 이는 티베트를 결코 원과 명 제국의 일부로 간주하지 않았음을 말해줍니다.

이어서 자주 언급되는 청나라와 환생 제도에 관하여 설명하겠습니다. 우리가 먼저 이해해야 할 것은, 청은 중국이 아닌 만주였다는 것입니다. 만주족의 청은 1644년에야 건국되었으며, 초대 달라이 라마 겐뒨 둡은 1391년에 태어났습니다. 그의 환생인 2대 달라이 라마 겐뒨 갸초는 1475년에, 그의 환생 쐬남 갸초는 1543년에 태어났습니다. 이렇듯 달라이 라마의 환생 체계는 청 왕조보다 253년 전에 시작되었음을 알 수 있습니다.

1792년 만주 황제 건륭제(재위 1736~1795)가, 티베트를 침략해오는 구르카 군을 물리치기 위해 파병했을 때 그의 관리들은 더욱 효과적인 행정을 위한 29개 항의 규정을 제안했습니다. 그중 하나는 달라이 라마와 다른 고위 라마를 선택하기 위해 금병을 사용하는 것이었습니다. 그러나 실제로 티베트에서는 11대 달라이 라마(1838~1856)를 제외하고는 이런 제비뽑기 방식을 이용하지 않았습니다. 왜냐하면 종교적 신성성이 부족했기 때문입니다. 모든 달라이 라마는 오랜 티베트 종교 전통에 따라 선택되었으며, 달라이 라마의 환생에 대해 중국에 권한이 있다는 주장은 노골적인 거짓말이자 역사적, 종교적 사실의 왜곡입니다.

2007년 8월, 중국은 티베트 종교 활동을 통제하고 약화하기 위한 소위 〈5호 명령〉을 발포했습니다. 이 법령에 따르면, 모든 환생 불교 라마들은 환생 라마로 인정받기 전에 국가의 승인을 구해야 합니다. 그런데 중국 공산당은 종교를 믿지 않습니다. 그들은 종교를 독으로 간주합니다. 따라서 중국 공산당이 티베트 종교 문제에 간섭하는 것은 비윤리적이고 터무니없는 일입니다. 티베트인들은 이 법령을 종교 자유에 대한 심각한 침해로 보며 거부했습니다. 당원들과 정부에서 일하는 티베트인들은 사원과 사찰 방문이 허용되지 않으며 그의 자녀들도 마찬가지입니다. 역설적으로, 사원 대부분은 공산당원들의 무거운 감시하에 관리되고 있습니다. 중국은 현재 라룽가르와 야첸가르 사원[26]에서 진행 중인 파괴와 억압을 고려할 때, 대사가 말하는 종교의 자유는 무엇을 의미합니까?

티베트의 지디피GDP 성장을 얘기하지만 실제로 티베트인들에게 이익이 되지 않았습니다. 성장 수치는 티베트고원의 대규모 군사화,

---

[26] 이 두 사원은 티베트 불교의 닝마빠རྙིང་མ་པ།에 속하는 중요한 불교 학원이자 수행 센터입니다. 특히 라룽가르는 강제 철거와 수행자 추방 등으로 국제적인 관심을 받았습니다. 두 사원 모두 티베트 불교 전통의 중요한 수행 센터로 쓰촨성에 위치합니다. 많은 승려와 수행자들이 거주하며 불교를 연구하고 수행하는 곳입니다. 특히 라룽가르는 한때 약 1만 명 이상 수행자들이 거주하는 세계 최대의 티베트 불교 학원이었습니다.

채굴 활동에 대한 투자, 댐과 터널 건설, 중국인 노동자의 티베트 이주, 이로 인한 고용 증가를 반영한 것입니다. 이는 오히려 티베트인들을 소외시켰습니다. 과도한 개발로 티베트 또한 기후 위기를 겪고 있습니다. 티베트와 연결된 생태 문제는 인접한 동남아시아 국가들의 생태계까지도 위협하고 있습니다.

인도 국경에서 중국군이 종종 도발한다는 것은 우리 모두 아는 사실입니다. 쑨웨이동 대사는 기사의 마지막 부분에서 "인도가 책임 있는 강대국으로서 현재의 상황을 고수하고, 약속을 이행하며, 티베트 관련 문제에 대해 간섭하지 않기를 바라고 믿는다"고 했습니다. 이 발언 또한 고의적인 도발이나 다름없습니다. 중국은 인도의 주권을 존중해야 합니다. 우리는 모두 티베트 문제를 해결하고 안정적이고 건전한 분위기의 중국-인도 관계를 위해 함께 노력해야 합니다.

중국의 인도 언론 매수와 선전 술책

(사진/게티 이미지)

인도의 주요 일간지 중 하나인 힌두스탄 타임스는 2019년 12월 13일자 신문에서 중국 공산주의 정권의 대변인인 차이나 워치 데일리의 후원을 받아쓴 두 기사를 전면에 실었습니다. 기사 제목은 〈수십 년에 걸친 두드러진 발전〉과 〈한 세대 안에서 경험한 유례없는 변화〉입니다.

기사에서 주장한 것은 1950년대 이후 공산주의 정권하에서 티베트와 티베트인들이 달성한 엄청난 발전, 경제적 번영, 사회적 안정, 생태계 개선, 민족 통합, 종교의 자유였습니다. 국내 총생산의 두 자릿수 성장, 활발해진 관광업, 빈곤 퇴치에 대해서도 자랑스럽게 이야기했습니다.

기사는 완전히 잘못되었습니다. 이는 중국 공산주의 지도부가 티베트 점령을 정당화하기 위해 인도인들과 국제사회까지 오도하려는 의도입니다. 기사는 티베트 자치구의 당 서기와 의장인 우잉제와 치자라의 발언을 인용했습니다. 첫 번째 기사는 9월 12일 베이징에서 국무원 정보판공실이 연 기자회견 중 두 지도자의 발표에 기반하였니다.

사실 티베트인들에게 중국의 침략과 통치 70년은 잔혹한 점령과 억압의 세월이었습니다. 중국은 티베트인 120만 명 이상을 죽이고, 사원 6천 곳 이상과 승원을 파괴했으며, 공산주의 체제하에서 경전 수백만 권과 문화 유물을 불태웠습니다. 이렇게 간단히 언급한 사실만 보더라도 티베트에서 일어난 비극은 참혹하기 이를 데 없습니다.

게다가 지디피GDP의 두 자릿수 성장에 관한 이야기는 바로 티베트고원의 대규모 군사화, 광물 자원 채굴과 착취, 도로 건설과 터널화, 강의 흐름을 바꾸거나 댐을 건설하고, 한족 중국인의 티베트 대규모 이주에 기인합니다. 수확량과 식량 생산이 증가했을 수는 있지만 이는 자연스러운 경제적 과정입니다. 중국 공산당 지도자들이 자랑하는 외부적인 인프라 개발은 티베트인들보다 중국인들에게 더 많은 혜택을 주었습니다. 어찌 됐든 경제발전이 그 땅의 잔인한 점령을 정당화할 수는 없습니다.

기사는 또 티베트의 종교 자유를 이야기합니다. 그러나 현실은 티베트의 대부분 사원을 공산당원들이 밀접하게 감시하고 있습니다. 직원들과 아이들은 사원 방문이 금지되어 있습니다. 라룽가르와 야첸가르 사원에서 진행 중인 파괴와 제한은 티베트에 종교 자유가 없다는 명백한 증거입니다.

중국 공산당은 종교를 믿지 않으면서 달라이 라마를 포함한 고위 라마들의 환생 선택에 권리를 주장합니다. 2019년 10월에 열린 모든 티베트인과 국제 지원 단체의 특별 회의, 11월에 열린 티베트 고위 라마들의 회의는 티베트인들과 국제사회가 달라이 라마의 환생 선택에서 중국의 어떤 간섭도 용인하지 않는다는 결의안을 만장일치로 통과시켰습니다.

〈한 세대 안에서 경험한 유례없는 변화〉라는 제목의 두 번째 기사에서는 세 티베트인의 개인적인 이야기, 삶에서 이룬 성취와 행복한 삶을 묘사합니다. 껠상 돌까르སྐལ་བཟང་སྒྲོལ་དཀར།가 라싸 나첸 지구의 공동체 당 서기이자 전국인민대표대회의 대표라는 것은 자랑스러운 일입니다. 학빠 펜톡ལྷག་པ་ཕན་ཏོག은 성공적인 기업가이고, 니마 따시ཉི་མ་བཀྲ་ཤིས།는 티베트 대학의 교수이자 현대 교육 기술 센터장입니다. 그러나 여기서 짚고 넘어가야 할 점은 그들이 하는 일에 정말로 자유가 있는지, 정말로 행복한지입니다.

껠상 돌까르는 티베트인으로서 기도 드리기 위해 지역 사원에라도 갈 수 있을까요? 학빠 펜톡은 아이들과 함께 사원에 가거나 국내외를 자유롭게 여행할 수 있을까요? 니마 따시 교수는 학생들에게 티베트어와 티베트 역사를 사실 그대로 가르칠 수 있나요?

기사에서는 국내외를 연결하는 92개 항공 노선과 5개 공항, 고속도로와 철도를 이야기합니다. 그런데도 티베트인들에게 여행이 허용될까요? 여권을 소지할 수 있을까요? 이 질문은 중국 공산당 지도부가 티베트인들과 국제사회에 답해야 할 아주 기본적인 사항들입니다.

11월 26일, 욘뗀ཡོན་ཏན།이라는 젊은 티베트인이 공산주의 체제의 억압적 정책에 항의하기 위해 자신의 몸을 불태웠습니다. 언어 운동가인 따시 왕축བཀྲ་ཤིས་དབང་ཕྱུག།은 여전히 감옥에서 고통받고 있습니다. 끼르띠 사원의 승려 쐬남 뻴덴བསོད་ནམས་དཔལ་ལྡན།은 아이들이 티베트어를 배울 권리를 요구한 혐의로 체포되었습니다. 켄뽀 직메 퓐촉མཁན་པོ་འཇིགས་མེད་ཕུན་ཚོགས།과 뚤꾸 뗀진 델렉སྤྲུལ་སྐུ་བསྟན་འཛིན་བདེ་ལེགས།과 같은 존경받는 티베트 영적 대가들이 체제하에서 체포되어 고문으로 사망했습니다. 2009년 이후, 티베트인 154명이 중국의 억압적 정책에 항의하며 분신했습니다. 티베트 자치구를 통치하고 있는 위안셩가오, 우잉지에, 치자라는 이런 현실을 어떻게 설명할 수 있을까요?

중국 정부가 주장하듯이 티베트인이 티베트에서 행복한 삶을 살고 있다면, 민주주의와 자유를 누리고 있다면, 유엔 특사, 국제 외교관, 언론인들이 티베트를 방문하여 자유롭게 상황을 평가할 수 있도록 해야 합니다. 미국의 엔지오NGO 프리덤 하우스는 티베트를 세계에서 가장 접근하기 어려운 지역 중 하나로 꼽았습니다. 우잉지에와 치자라가 말하는 자유와 발전은 무엇입니까?

마지막으로, 유료 광고든 아니든 인도 신문들은 중국의 홍보 기관이 되어서는 안 됩니다. 인도에까지 국경 침입을 통해 긴장을 유발하는, 세계에서 가장 강력한 탄압 정책을 실행하고 있는 나라가 바로 중국이라는 사실을 기억해야 합니다.

농노 해방의 날, 국제사회를 오도하는 중국의 연극

2020년 3월 28일, 농노 해방의 날에 기념 연설을 하는
치자라 티베트 자치구 주석 (사진/https://mp.weixin.qq.com)

티베트 점령을 정당화하기 위한 시도로, 중국은 많은 기념일과 행사를 만들었습니다. 이를 통해 자신들의 선전을 퍼뜨리는 기반으로 삼았습니다. 3월 28일 '농노 해방의 날'도 그중 하나입니다. 이는 3월 10일 티베트 봉기의 날에 대응하기 위해 2009년에 제정했습니다. 중국 우한에서 시작된 코로나 팬데믹으로 전 세계가 혼란에 빠져 있을 때도, 중국은 티베트의 수도인 라싸에서 '농노 해방의 날'을 기념했습니다.

티베트 자치구 주석 치자라는 텔레비전 방송 연설에서 중국 공산당이 티베트를 농노제에서 어떻게 해방했는지, 민주개혁과 경제적 번영이 얼마나 큰 성과를 거두었는지 자세히 설명했습니다. 또한 지난 70년 동안 공산당 아래서 티베트가 누린 종교의 자유에 대해서도 언급했습니다. 이 모든 게 전혀 새롭지도 않은 허구 주장이며 국제사회를 향한 거짓 선전입니다.

티베트인들에게 중국 공산주의 체제하의 70년은 잔인한 점령, 억압, 길고긴 고난의 시간이었습니다. 중국은 민주개혁을 말하지만 중국에 정의와 민주주의가 없다는 사실은 전 세계가 알고 있습니다. 그렇다면 치자라가 말하는 티베트의 민주주의는 무엇일까요?

경제 발전과 지디피GDP 증가에 관한 통상적인 중국 선전은 두고두고 반복되고 있습니다. 사실 티베트는 결코 가난한 나라가 아니었습니다. 사람들에게는 먹을 것이 충분했고 영성을 지향하는 훌륭한 지혜도 있었습니다. 티베트는 결코 기근을 겪은 적이 없습니다. 아이러니하게도 중국이 점령한 이후에 많은 사람이 굶어 죽었습니다.

중국이 말하는 1천6백억 위안[27]의 지디피GDP는 매우 인상적으로 보일 수 있습니다. 그러나 이 모든 돈은 어디로 갔을까요? 티베트의 경제 데이터를 더 자세히 들여다보면, 다음 다섯 분야에 모두 들어갔음을 알 수 있습니다.

1. 티베트고원의 군사화
2. 티베트에 주둔하는 대규모 중국군, 치안 부대의 경비 인력, 직

[27] 한화로는 약 30조 원에 달합니다.

원 유지

3. 티베트 광물 자원을 채취하여 이를 중국으로 운송하기 위한 도로, 철도, 공항 건설
4. 티베트의 수자원을 착취하기 위한 댐 건설
5. 티베트 지역으로 대규모 중국인 이주

2019년 12월 동티베트 참도에서 75세 된 아버지 잠빠 돌제བྱམས་པ་རྡོ་རྗེ།와 그의 아들이 달라이 라마 성하의 종교적 가르침을 들었다는 이유로 구금되었습니다. 사람들은 달라이 라마 성하의 사진을 가지고 있으면 체포당하고 수감됩니다. 최근 3월 16일, 존경받는 고승 뗀진 델렉 린뽀체བསྟན་འཛིན་བདེ་ལེགས་རིན་པོ་ཆེ། 스님의 제자 따시 핀촉བཀྲ་ཤིས་ཕུན་ཚོགས། 스님이 고문으로 사망했습니다. 그런데도 종교의 자유가 있다고 말할 수 있을까요?

중국은 농노 해방이라고 말하지만 여기에는 해방이 없습니다. 누구도 군대와 총에서 해방되지 않았습니다. 강요된 협정으로는 누구도 해방할 수 없습니다. 명백한 사실은, 중국이 티베트를 침략했고 그것은 잔인하고 불법적인 점령입니다. 해방, 민주개혁, 경제 발전에 관한 이 모든 이야기는 국제사회를 오도하고 티베트의 불법 점령을 정당화하기 위한 거짓 선전에 지나지 않습니다.

코로나바이러스 팬데믹:
세계 패권을 향한 중국의 트로이 목마

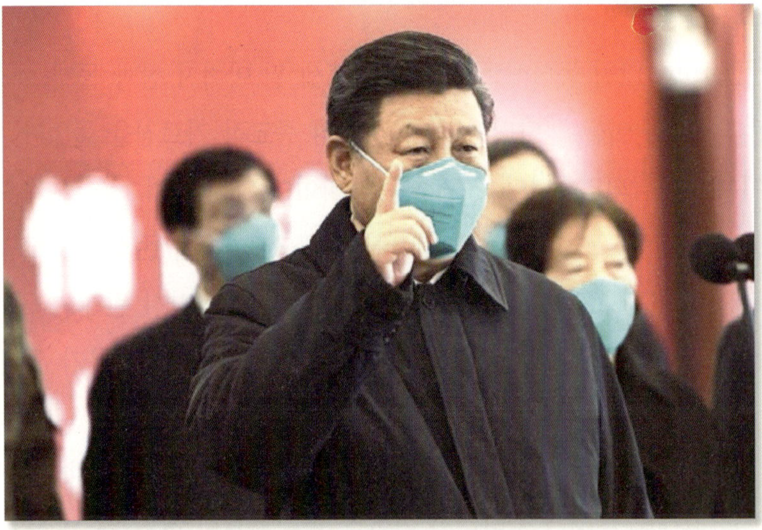

중국 시진핑 주석 (사진/신화통신)

2019년 말 중국 우한에서 시작된 코로나바이러스 팬데믹은 세계에 큰 영향을 미치고 혼란을 가져왔습니다. 공중 보건, 경제, 정치, 국제관계 등 모든 방면에 전시와 같은 상황을 불러왔습니다. 그리고 코로나바이러스의 기원에 관한 많은 이론이 제기되었습니다. 우한 시장에서 발생, 생물학적 전쟁 실험실의 사고, 세계 질서를 교란하기 위한 중국의 음모까지 많은 설이 떠돌았습니다. 어떤 이론이든 부인하지 못할 한 가지 사실은 바이러스가 우한에서 시작되고 중국은 의도적으로 정보를 은폐했다는 것입니다.

국제사회는 중국 지도부가 바이러스 발생 시 초동 대응을 잘못한 것, 세계에 궤멸적인 타격을 입힌 책임이 있다는 만장일치의 결론을 내렸습니다. 팬데믹을 통해 드러난 것은 시진핑 지도부의 무자비한 본성과 어떤 대가를 치르더라도 세계의 패권을 장악하려는 중국의 교활한 음모입니다. 세계 지도자들은 지금까지 중국이 해온 일과, 어떠한 책임도 지지 않은 채 여전히 세계를 향해 강경한 자세를 취하는 방식을 달갑지 않게 여깁니다.

초기 단계에서 위험성을 최초로 알린 중국 의사 리원량이나 다른 시민들의 목소리에 주의를 기울였더라면 팬데믹은 억제되고 많은 생명을 구할 수 있었습니다. 안타깝게도 중국 지도부는 세상을 살리려는 의사와 시민들의 입을 틀어막았습니다. 이로 인해 코로나가 생화학 무기 연구소 중 하나인 우한 바이러스 연구소에서 시작되었다는 이론에 대해 의심하게 합니다. 1월 말 중국의 생물학적 전쟁 전문가인 천웨이 소장이 과학자들과 함께 연구소를 방문한 것과, 바이러스의 발원지로 지적되는 우한의 수산시장을 방문한 것에 대한 설명이 가능해 보입니다. 또한 바이러스의 위험성을 주장한 쉬장룬 교수가 체포되고, 그의 행방은 여전히 알려지지 않았습니다. 도서 『우한일기』의 저자인 팡팡은 죽음의 위협에 처해 있습니다.

코로나바이러스로 인한 사망자 수는 계속 증가하고 있습니다. 전세계에 혼란을 초래한 것에 대해 사과하거나 도덕적 책임을 지는 대신, 중국은 먼저 미국군[28], 그 다음은 이탈리아와 카자흐스탄[29], 최근에는 흑인[30]에게 책임을 전가하려 했습니다. 미국과 이탈리아 모두 바이러스로 인해 큰 어려움과 고통을 겪었으며, 사망자와 실업률이 이 두 나라에서 가장 높았습니다. 그런데도 중국은 바이러스가 미국과 이탈리아에서 시작되었다고 주장했습니다. 또한 이러한 혼란 와중에, 카자흐스탄이 역사적으로 중국의 일부였으며 코로나바이러스의 기원도 카자흐스탄이라고 주장하기도 했습니다.

다양한 분야에서 중국 경제를 지탱하는 데 도움을 주던 아프리카 국가의 사람들도, 바이러스가 중국이 아닌 외국에서 비롯되었다는 중국의 주장을 뒷받침하기 위한 희생양이 되었습니다. 광저우에서 발생한 흑인 차별[31]은 명백히 반인권적인 행위였습니다. 이러한 잔

---

28 2020년 초, 중국 외교부 대변인 자오리젠은 소셜 미디어를 통해 미국 군인들이 2019년 10월 우한 군인체육대회에 참가했을 때 코로나바이러스를 우한에 가져왔을 가능성을 제기했습니다.

29 일부 중국 매체와 연구자들은 중국 외부에서 먼저 발생했을 가능성을 제기했는데, 이탈리아 북부에서 2019년 말 이전에 코로나바이러스가 이미 존재했을 가능성을 시사하는 연구들을 인용했으며 카자흐스탄의 불명확한 폐렴 사례들을 언급하며 코로나와 관련이 있다고 보도하기도 했습니다.

30 중국 소셜 미디어에서 아프리카 출신자들을 바이러스 전파자로 낙인찍는 인종차별적 발언들이 있었습니다. 이로 인해 아프리카 여러 국가의 외교관들이 중국 정부에 공식 항의했으며, 아프리카연합AU과 여러 국가에서 중국에 차별 중단을 촉구했습니다. 이런 비판에 대해 중국 외교부는 '차별 제로' 정책을 주장했지만, 국제사회에서 중요한 인권 문제로까지 번졌습니다.

31 광저우는 중국 내에서 아프리카인들이 많이 거주하는 곳으로, 2020년 4월 이 지역에서 나이지리아 국적의 코로나 확진자 5명이 발생하면서 차별이 시작되었습니다. 중국 관영언론은 이들이 자가격리 기간 중 집에 머무르지 않고 식당 여덟 곳과 다른 공공장소를 돌아다녔다고 보도했고, 이후 반외

인함은 이제 인터넷을 통해 전 세계 어디에서나 확인할 수 있습니다. 티베트인, 위구르인, 몽골인들이 중국 정부에서 받은 차별이나 잔혹 행위는 이미 수십 년 동안 이어져 왔으며 아직도 그 탄압은 끝나지 않았습니다.

올림픽 위원회가 2008년 올림픽을 베이징에서 개최하기로 했을 때, 중국은 세계적으로 악명 높은 인권, 언론 보도의 자유, 종교의 자유 등을 개선하고 시정하기로 약속했습니다. 국제사회는 올림픽 이후 중국이 좀 더 개방되고 국제 규범과 민주적 가치를 따르리라 기대했습니다. 그러나 중국은 2008년 올림픽을 통해 세계가 중국의 군사력과 경제력, 그리고 인권 정책을 인정한 것이라고 여겼습니다.

티베트에서는 올림픽 이후 인권과 종교의 자유가 더욱 악화되었습니다. 더 심해진 제한과 감시로 국경을 넘어 망명하는 티베트인은 현저히 감소했습니다. 달라이 라마 성하는 한때 티베트를 평화의 나라로 만들기를 꿈꾸었지만, 오늘날의 티베트는 세계에서 가장 삼엄한 군사 지대가 되어버렸습니다.

코로나 팬데믹의 모든 혼란이 중국에서 시작되었음에도 코로나의 최종 승자처럼 자국의 상황을 은폐하고 있다는 비판을 받고 있습니다. 실제 감염자와 사망자의 수치를 정확히 보도하지 않기 때문에 코로나가 중국에서는 종식된 것처럼 보이기도 합니다. 하지만 실제 사망자는 훨씬 많다는 증언이 곳곳에서 쏟아졌습니다. 또한 충격적인 것은 미국, 캐나다, 이탈리아, 인도, 네팔, 기타 국가에 바이러스

국인 정서가 고조되었습니다.

퇴치를 위한 수백만 달러 상당의 의료 키트를 판매했지만 키트에서 결함이 밝혀져 모두 반송되었습니다. 그럼에도 어떤 유감의 표현이나 사과 말도 없습니다. 세계 무역과 경제는 정체되고 주식 시장은 급락했지만 중국은 매수세를 보이고 있습니다. 이러한 현상은 중국에 대해 무엇을 말해주고 있을까요?

세계는 팬데믹에 시달리면서 이를 회복하기 위해 고군분투하고 있습니다. 이런 와중에도 중국은 일본, 남중국해, 인도양에 해군 군함을 보냈습니다. 홍콩의 마틴리를 포함한 대표적인 민주운동가 15명을 체포했으며 대만에 대해서는 폭격으로 굴복시키겠다고 위협했습니다. 그런데도 중국의 국방 백서는 "중국은 결코 패권주의나 세력범위 확대를 추구하지 않을 것"이라고 합니다. 인도 주재 중국 대사가 이런 말을 반복적으로 하는 동안 중국의 지도 제작자들은 인도에 접한 국경선을 변경하느라 바쁘게 움직입니다.

중국의 인권, 언론, 종교 자유 침해는 세계적으로 알려진 사실이지만 중국은 의심스러운 수단을 통해 유엔인권이사회UNHRC의 추궁을 피하려 합니다. 중국은 일대일로 정책을 이용해 많은 개발도상국을 빚더미에 오르게 했습니다. 이 나라들의 땅과 자산은 중국에 인질로 잡혀 있습니다.

또한 세계보건기구WHO의 사무총장 테드로스 아드하놈 게브 레예수스Tedros Adhanom Ghebreyesus는 중국의 선전을 되풀이하고 있습니다. 최근에 중국은 유럽연합EU을 압박하여 중국에 불리한 정보를 코로나19 정보에 포함하지 않도록 압박했습니다. 중국의 이러한 공격적이고 강압적인 전술은 미래의 세계 질서까지 갉아먹고 녹슬게

할 위험한 시도입니다.

국제사회는 코로나19 팬데믹을 통해 중국이 진행하고 있는 이런 비도덕적인 행태를 깨닫고 한시라도 빨리 국제사법재판소로 데려가야 합니다. 중국의 독재 체제에 대해 항의하지 않고 외면하기만 한다면 얼마나 더 위험해질지 불 보듯 뻔한 상황입니다. 중국 공산당의 진정한 본질은 세계의 평화, 안정, 민주주의에 위협이 되고 있습니다.

세계 지도자들은 코로나19 팬데믹이 초래한 혼란에 대해 중국을 면밀히 조사하고 책임을 물을 것을 결정했습니다. 20조 달러 이상의 경제적 손실에 대한 국제 소송도 제기되어 있으며 이보다 더 중요한 것은 국제사회가 이 기회를 통해 함께 일어나 세계를 공산주의 독재의 폭정과 족쇄에서 해방하고, 평화, 정의, 민주주의의 새로운 세계 질서를 향해 나아가는 것입니다. 바이러스의 원인이 무엇이든 중국은 그것을 세계 패권을 향한 트로이 목마로 사용하고 있습니다. 우리는 중국의 심각한 음모와 인류에 대한 죄를 따져 책임을 묻도록 해야 합니다.

중국 환구시보의 부정확하고 거짓된 기사

GLOBAL TIMES

HOME CHINA SOURCE WORLD OPINION LIFE ARTS SCI-TECH ODD SPORT

Exiled Tibetans eye return to China for fear of virus

By Shan Jie and Hu Yuwei Source:Global Times Published: 2020/4/27 21:22:06

(사진/환구시보)

2020년 4월 27일, 환구시보의 샨지에와 후유웨이 두 기자가 "망명 티베트인들은 바이러스에 대한 두려움으로 중국으로 돌아가기를 원한다."라는 기사를 썼습니다. 이 기사는 인도, 특히 다람살라Dharamsala에 사는 티베트 난민들의 상황이 매우 어렵다는 것을 강조했습니다. 코로나19 팬데믹과 인도의 열악한 의료 시설 때문에 티베트인들이 오히려 중국 치하의 티베트로 돌아가기를 갈망하고 있다는 것입니다. 또한 이 기사에서는 다람살라에 의료 시설이 부족하며 작은 진료소만 몇 군데 있을 뿐이라고 했습니다. 게다가 어떤 의학자 류잉화의 말을 인용해 "인도와 남인도 전역의 티베트인들은 불안정한 지역에 살고 있으며 인도 정부는 그들의 복지를 무시한다"고도 적었습니다.

티베트 중앙행정부CTA는 두 기자와 류잉화의 진술 내용이 거짓이고, 부정확하며, 오해의 소지가 있음을 명확하게 밝히고자 합니다.

국제사회는 중국이 바이러스의 확산, 의도적인 정보 은폐, 전 세계에 결함 있는 의료 키트를 보낸 것에 대해 책임이 있다고 보고 있습니다. 중국에서 시작된 코로나19 팬데믹은 전 세계적인 재앙을 초래했으며 인도에도 영향을 미쳤습니다. 인도는 이 팬데믹과 싸우기 위해 대대적인 봉쇄 조치를 했습니다. 다람살라의 상황에 관한한, 현재까지 히마찰 쁘라데시 주 전체에서 양성 사례 40명과 사망자 1명이 있습니다. 예방 조치를 위한 봉쇄를 엄격하게 준수하고 있으며 상황은 완전히 관의 통제 하에 있습니다.

티베트 중앙행정부도 바이러스의 확산을 막고 지역 봉쇄를 시행하기 위해 지역 당국과 긴밀히 협력해 왔습니다. 또한 이 어려운 시기에 모든 지원과 지침을 제공한 인도의 지방 행정관들과 경찰들의 노고에 진심으로 감사를 표했습니다. 지역 당국 또한 티베트 중앙행정부와 공동체가 기울인 노력을 인정하고 감사의 말을 전했습니다.

다람살라는 히마찰 쁘라데시 주의 깡그라 지구에 있습니다. 이 지역에는 델렉Delek, 씨빌Civil, 조날Zonal, 딴다Tanda, 포티스Fortis 등 주요 병원과 티베트 전통 의료를 제공하는 멘찌캉སྨན་རྩིས་ཁང་།이 있습니다. 의료 시설이 부족하다는 주장은 사실이 아닙니다.

바이러스에 대한 두려움 때문에 중국으로 돌아가고 싶어하는 티베트인은 없습니다. 티베트 난민들은 티베트 중앙행정부에서 충분히 지원받고 있습니다. "지방 정부가 망명자들을 무시한다"는 기사는 전혀 사실이 아닙니다.

티베트 중앙행정부의 내무부, 교육부, 보건부도 티베트인들의 생계, 교육, 건강을 돌보기 위한 복지와 빈곤 퇴치 프로그램을 운영하고 있습니다. 정착 담당자들은 각 지역 당국, 행정부와 협력하여 정착촌의 티베트인들에게 필요한 바를 모니터링하고 그에 필요한 사항을 지원합니다. 따라서 인도에서 티베트인들이 열악한 상황에 있다는 것은 악의적인 추측이며 중국 공식 언론의 조작입니다.

티베트 난민들이 티베트로 돌아가기를 원한다고 말하지만 이 보고서는 네팔의 한 여성 양좀གཡང་འཛོམས།의 발언을 근거로 들었습니다. 이것이 얼마나 사실인지는 누구도 알지 못합니다. 만약 사실이라 하더라도 그것은 인도와는 아무 관련이 없습니다. 더구나 한 사람의 진술로 이 문제를 일반화할 수는 없습니다.

보고서는 인도에서 티베트 의학을 공부했다는 류잉화라는 사람의 발언도 인용했습니다. 그러나 다람살라의 멘찌캉 연구소의 기록에 의하면 이곳에서 공부한 사람 중에 류잉화라는 이름은 없습니다. 여러 각도로 볼 때 환구시보의 기사는 실제 사실이 아닌 자료를 조작해 그럴듯한 근거로 제시했다고 생각합니다. 우리는 환구시보 기사 내용에 대해 강력히 반박하며 중국 정부가 더는 가짜 뉴스를 유포하지 않도록 단호하게 요구합니다.

세계는 어려운 시간을 보내고 있습니다. 중국 지도부는 실제로 이 글로벌 팬데믹을 억제하는 데 도덕적 책임을 지고 인도와 국제사회에 초래한 엄청난 재난에 대해 충분히 사과해야 합니다.

푼촉 스똡단의 위험하고 잘못된 발언들

푼촉 스똡단, 전 키르기스공화국 대사의 인터뷰
(사진/인도 아즈택 TV 화면)

2020년 5월 29일, 푼촉 스똡단ཕུན་ཚོགས་སྟོབས་ལྡན།[32] 전 키르키즈 인도 대사는 인도 전역에 방송된 텔레비전 토론 프로그램에 출연했습니다. 〈인도-중국 국경 대치〉에 관한 주제였습니다. 그는 매우 거친 말투로 달라이 라마 성하에 대해 공격적으로 발언했습니다.[33] 그의 발

[32] 푼촉 스똡단ཕུན་ཚོགས་སྟོབས་ལྡན། 이름 표기는 티베트어와 문자는 동일하지만, 그의 출신지인 라다크식의 발음을 따랐습니다. 이 이름을 티베트식으로 표기한다면 퓐촉 똡덴입니다.

[33] 달라이 라마가 라다크 지역 침범에 대해 침묵하고 있다고 말하며 "달라이 라마는 이에 대해 정치적 발언을 해야 하고 중국이 라다크 땅을 잠식하는

언은 다른 외교관과 학자들에게 충격을 주었고, 티베트인들뿐만 아니라 라다크Ladakh 사람들, 전 세계 불교도들의 감정까지 건드려 놓았습니다.

티베트 망명정부의 롭상 쎙게བློ་བཟང་སེང་གེ 대통령은 즉각 성명을 내고, 달라이 라마 성하에 대한 그의 발언은 유감스럽고 맥락에서 벗어났다고 말했습니다. 또한 푼촉 스똡단 씨의 견해에 공감하는 사람들이 있다면 극히 소수이며 라다크 사람 대부분은 달라이 라마를 가장 존경하는 영적, 도덕적 지도자로 추앙한다고 덧붙였습니다.

라다크의 많은 단체와 개인들도 영적 스승에 대한 무례하고 모욕적인 발언에 대해 강력한 항의를 표명했습니다. 라다크 불교 협회, 라다크 전체 사원 협회, 레Leh 무슬림 협회, 까르길Kargil 무슬림 협회, 지역 단체나 상인 협회 등 라다크의 주요 협회들이 이 발언에 대한 비판 성명을 발표했습니다.

이들 단체와 사원들은 그에게 무조건적인 사과를 요구했습니다. 각계각층의 큰 압력을 받은 그는 영상 메시지와 짧은 서한을 통해 다음과 같이 사과했습니다.

"이달 초부터 중국이 라다크 동부를 침입한 사건에 대해, 저는 해당 분야의 전문가로서 여러 국내외 미디어에서 전문가의 의견을 제공해 달라는 요청을 받았습니다. 이에 따라 저는 국가 안보 관련 문

동안 기도만 하고 있지는 말아야 한다"고 주장했습니다. 또한 "달라이 라마가 오히려 중국과 협력하고 있는 것이 아닌지 의문이 든다"는 얘기를 했고, "티베트 중앙행정부 대통령이 라다크에서 티베트 국기 게양식에 참석하여 중국을 자극했다"고 비난했으나 실제로 그런 일은 없었습니다.

제의 권위자로서, 라다크 땅과 인도 국가 방어에 관한 여러 지정학적 의견을 제시해 왔습니다. 이는 순전히 저의 개인적인 견해이며 특정 조직이나 사회의 의견을 대표하지 않습니다. 달라이 라마 성하는 우리의 가장 큰 종교 지도자이며, 저 또한 깊이 존경합니다. 저는 깔라짜끄라Kālacakra 관정을 포함하여 여러 법회에 참석했습니다. 따라서 종교적인 측면에서 달라이 라마 성하를 모독할 의도는 없습니다. 제가 언급한 것은 인도-중국의 국경 대치와 관련한 지정학적 의견일 뿐입니다. 하지만 제 논평으로 인해 많은 사람들이 상처를 받으셨다면 깊이 사과합니다."

텔레비전에서 한 연설 방식, 분노, 찡그린 얼굴 등은 신뢰할 만한 학자나 안보 전문가의 태도라고 보기 어려웠습니다. 그러나 불교는 우리에게 용서하고 잊으라고 가르쳤습니다. 결국, 논쟁의 핵심은 중국의 국경 침입입니다. 인도와 티베트인들은 중국의 침략에 대항한다는 공통의 이해관계에 있습니다.

그러나 그는 후에 인도 온라인 신문인 더 프린트The Print와 인터뷰를 진행했습니다. 이 인터뷰를 통해 왜 그가 달라이 라마 성하에 대해 악의적 발언을 했는지 그 이유를 설명했습니다. 그의 저서인 『불교 히말라야에서의 위대한 게임The Great Game in the Buddhist Himalayas』에도 자세히 기술되어 있는데 그는 다음과 같이 말했습니다.

"라다크는 티베트나 중국 땅이 아니다. 바로 인도 땅이다. 티베트 정부가 망명 중이라면, 그들은 라다크에서 무엇을 하고 있는가? 라다크는 라다크 사람들과 인도의 것이며, 여기에는 타협이 있을 수 없다."

이러한 진술은 매우 유감스럽고, 분열적이며, 위험합니다. 이는 중국이 원하는 바입니다. 중국 공산당의 손에 놀아나는 것과 같습니다. 잘못된 정보, 혼란, 분열을 조장하고 마침내 내부의 불화가 절정에 달했을 때 마지막 일격을 가하는 것입니다. 티베트를 침략한 것은 중국이며, 이제 그들은 라다크와 인도의 다른 국경 지역까지 노리고 있습니다. 티베트인들이 라다크를 주장[34]한다고 생각하는 것은 터무니없는 일입니다. 우리가 경계해야 할 것은 티베트 망명정부가 아니라 중국 공산주의 체제입니다! 진정한 안보 전문가라면 어떻게 이런 잘못된 생각에 사로잡힐 수 있을까요?

코로나 팬데믹과 중국의 공격적인 국경 침입이라는 이 어려운 시기에 우리는 공동의 대의를 위해 단결하고 함께 맞서야 합니다. 큰 적인 중국을 공격하는 대신, 푼촉 스똡단은 매우 거칠고 명예훼손적인 언어로 달라이 라마 성하를 비난했습니다. 그것도 그의 개인적인 모임이 아닌, 전 외교관이자 학자라는 공식 직함을 걸고 이러한 근거 없는 견해와 비난을 쏟아내는 것은 오해와 분열을 초래할 수밖에 없습니다. 이는 중국의 침략을 막고자 하는 우리의 노력에 부정적인 영향을 미칩니다. 인도와 티베트인들의 국가적 이익에 반합니다. 만약 인도와 티베트의 내분이 있다면 그것은 중국을 더 기쁘게 할 뿐 그럴수록 인도 국경은 더 취약해질 것입니다.

---

[34] 푼촉 스똡단은 "티베트 망명정부가 인도 라다크에 대해 영토적 야심을 가지고 있다"며 이것은 인도의 국가 안보에 위협이 된다고 주장했습니다. 하지만 티베트 망명정부는 인도 영토에 대해 주장한 적이 없으며 자체 영토인 '티베트'에 집중하고 있습니다.

더 트리뷴The Tribune 신문 기사에서 그는 〈라다크 문제가 국경 분쟁을 압도한다〉라는 제목을 통해 5대 달라이 라마(1617~1682)까지 이 분쟁에 끌어들여 비방했습니다. 또한 자신의 책에는 "히말라야 지역에서 티베트인들의 존재는 단순한 정치적 사건으로 간과할 수 없다. 그것은 중국의 화려한 전략을 완벽하게 실행한 결과다."라고 적었습니다.

그는 자신이 지키고자 하는 인도 국경에서 적에게 항의하기보다 인도의 관심을 왜곡된 역사로 돌렸습니다. 이제 중국을 누가 인도 국경으로 데려왔는지 밝혀내려고 합니다! 중국을 불러들인 그 '누군가'가 따로 있을까요? 그렇다면 여기서 역사를 간략히 되돌아보고 그것이 과연 누구의 화려한 전략인지 알아보겠습니다.

티베트는 고대부터 독립 국가였습니다. 인도와 티베트는 오랜 역사적, 종교적, 문화적 관계를 공유했으며 두 나라 사이의 긴 국경은 세계에서도 매우 평화로운 국경 중 하나였습니다. '트리스바하바'와 '아리야부미'라는 이 신성한 유대는 고대부터 인도-티베트 관계의 배경입니다.

1949년 중국 공산당이 중국을 장악하고 중화인민공화국을 수립한 후, 티베트에 대한 영유권을 주장하기 시작했습니다. 티베트가 중화인민공화국에 들어가기를 거부하자 중국은 무장 병력 4만을 동티베트로 보내 지역을 침략하고 라싸까지 진군하겠다고 위협했습니다. 평화로운 불교 국가였던 티베트는 중국의 기관총과 포병에 맞서 싸울 무기와 탄약이 없었습니다. 젊은 달라이 라마와 내각 구성원들은 이 상황에 국제사회가 개입하여 중국의 침공을 멈추도록 도움을 요청했습니다.

그러나 어디에서도 지원은 오지 않았습니다. 결국 중국은 티베트에 17개조 협약을 강요하고 티베트를 장악했습니다. 그 후에도 국제사회의 침묵은 계속되어, 중국은 자신들이 제시한 협약까지 위반하고 티베트에서 대량 학살을 저질렀습니다. 이는 1959년 3월 10일 티베트 민중봉기로 이어졌지만, 이 과정에서까지 중국군은 잔인한 진압으로 많은 사람의 목숨을 앗았습니다. 결국 달라이 라마 성하는 티베트에서 인도로 망명했고, 티베트인 약 8만 명이 뒤를 따랐습니다. 이것이 티베트 난민들의 이야기입니다.

이러한 역사 속에서 달라이 라마 성하가 중국과 공모해서 인도를 차지하려 한다는, 이런 생각은 도대체 어떤 사람의 머릿속에 들어있는 것입니까?

마오쩌둥은 새로운 중국을 위해 티베트 점령이 필수라고 말했습니다. 티베트는 매우 전략적인 장소입니다. 티베트는 마치 손바닥과 같아서 거기서부터 네팔, 라다크, 아루나찰, 부탄, 씨킴이라는 다섯 손가락으로 뻗어감으로써 중국은 마침내 다른 지역까지 지배할 수 있게 됩니다. 우리는 지금 야망을 현실화하려는 중국을 보고 있습니다.

달라이 라마 성하는 항상 "인도는 우리의 구루Guru(스승)이고 티베트인들은 첼라Chelā(제자), 그것도 매우 신뢰할 수 있는 첼라"라고 말합니다. 국내외 다양한 자리에서 티베트공동체에 대한 인도의 지원에 감사를 표하고 자신을 '인도의 아들'로 생각한다고 말했습니다. 달라이 라마 성하의 네 가지 주요 약속 중 하나는 고대 인도 날란다Nalanda 대가들의 가르침을 증진하고 보존하는 것입니다. 달라이 라마 성하의 진실함을 이렇게 왜곡된 방식으로 폄훼함은 인도와 티베트의 신성한 유대관계를 모독하는 것과 같습니다. 만약 아직도 의심이 남아 있다면, 티베트 중앙행정부 대통령 롭상 쎙게 박사의 성명을 참조하기 바랍니다. 그는 성명을 통해 라다크, 아루나찰, 씨킴이 인도의 일부임을 분명히 했습니다.

지정학과 국가 안보 전문 지식에 대해서는 푼촉 스똡단에게 경의를 표합니다. 그러나 인도와 티베트 사이의 유대를 끊으려는 시도는 하지 말아주기를 요청합니다. 대신 우리는 단결하여 국경의 침략자에 맞서야 합니다. 그가 여전히 역사적 경위에 집착한다면 인도 헌법의 아버지로 불리는 바바사헤브 암베드까르 박사Dr. Babasaheb Ambedkar의 말로 결론을 맺겠습니다.

"1949년에 인도가 중국을 국가로 인정하는 대신 티베트를 독립국으로 인정했더라면 지금 같은 중국-인도 국경 분쟁은 생기지 않았을 것입니다. 중국이 라싸를 점령하도록 내버려둔 결과, 우리는 결국 중국군이 인도 국경 바로 옆까지 와서 주둔하게 했습니다."

UN인권이사회에서 체면치레를 위한 중국의 티베트 세미나

2020년 7월 15일 〈티베트 문화 유산과 종교적 신념〉 온라인 세미나
(사진/CGTN)

중국의 공식 대변인 중 하나인 중국 국제 텔레비전CGTN의 보도에 따르면 중국정부는 최근 7월 14일과 15일에 각각 충칭과 베이징에서 티베트에 관한 세미나를 개최했습니다. 충칭에서의 세미나 주제는 〈티베트의 사회 발전과 인권 개선〉 그리고 〈티베트의 빈곤 퇴치 성과와 전망〉이었습니다. 티베트에 대한 이러한 과시적인 세미나는 당시 제네바에서 진행 중이던 제44차 유엔인권이사회UNHRC 정기총회에서 체면을 세우려는 시도에 불과합니다.

충칭 세미나는 티베트와 티베트인들이 공산주의 통치 70년 동안 어떻게 사회 발전, 인권 보호, 빈곤 퇴치를 달성했는지에 관한 담론이었습니다. 세미나의 강사는 중국 국경연구소의 쑨훙니엔과 서남정법대학교 인권연구소 집행 학장인 장융허였고 이들은 티베트에서 이루어진 '주목할 만한 성과'에 대해 공산주의 체제를 칭찬했습니다.

평소와 다를 바 없이, 중국은 티베트에서 입지를 정당화하기 위해 티베트의 가시적인 발전, 티베트에 지출한 돈, 지역의 빈곤 퇴치를 내세웠습니다. 세미나에서 배포된 자료를 보면 "1980년부터 2018년까지 중앙 예산에서 재정 지원은 1조2천4백억 위안에 달하며, 이는 티베트 자치구 재정 지출의 91%를 차지한다"고 했습니다.

그러나 이러한 재정 지원은 티베트 고원의 군사화와 중국화를 통해 그 지역에 대한 중국의 권력과 영향력을 강화하는 데 사용했을 뿐입니다. 투입된 자금은 대규모 군부대, 보안 요원, 그리고 지역의 중국 직원을 유지하는 데 쓰였습니다. 이것만 보더라도 인도가 끊임없이 중국의 국경 침략에 직면하고 있는 것은 전혀 놀라운 일이 아닙니다. 자금은 또한 티베트의 수자원과 광물 자원 채취와 중국으로 운송하는 데에 사용하고 있습니다.

빈곤 퇴치에 관한 한, 티베트는 결코 가난한 나라가 아니었습니다. 사람들은 먹을 것이 충분했고 인간 마음의 영적 영역을 탐구하는 데 훨씬 앞서 있었습니다. 아이러니하게도 티베트가 처음 기근을 겪은 것은 중국이 점령한 이후였습니다. 1961~1964년과 1968~1973년에 기근이 발생하여 많은 사망자가 발생했습니다. 중국이 말하는 빈곤 퇴치는 국제사회를 오도하기 위한 허울에 불과합니다.

게다가 보고서는 "1980년대 이후 중앙 정부는 티베트 문화 유물과 주요 사원의 대규모 수리에 14억 위안 이상을 투자했다"고 말합니다. 여기서 말하는 내용은 우리 모두에게 금시초문입니다. 자금을 어떻게 사용했는지, 어떤 유물과 어떤 사찰을 수리하는 데 썼는지 명확한 데이터를 제시할 수 있다면 무척 감사하겠습니다.

다음으로는 "티베트 불교를 배우고 수행할 수 있는 곳은 1,787곳의 부지가 있으며, 비구와 비구니 46,000명 이상, 그리고 살아있는 부처 358명"의 존재에 대해서도 자랑합니다. 그러나 티베트는 중국 침략 이전에 단순한 부지가 아닌 체계적으로 정비된 사원만 6,259곳 이상, 비구와 비구니 스님의 숫자는 약 593,000명이었습니다! 이들이 모두 어디로 갔는지, 중국은 제대로 밝힐 수 있어야 합니다.

또한 세미나에서는 "종교적 신념의 자유가 관련 법률로 인정되고 보호된다"는 점을 강조했습니다.

중국이 말하는 법은 무엇인가요? 중국 공산당에게 종교는 독이며, 당원들은 어떤 형태의 종교생활도 할 수 없습니다. 그러나 당은 종교 문제를 통제하기 위한 법을 제정했습니다. 특히 2007년의 5호 명령과 같은 법은 티베트인의 종교 자유를 심각하게 침해합니다. 공산주의 체제가 종교의 지도자나 교리에 간섭하는 것은 터무니없고 용납할 수 없는 일입니다.

7월 15일 베이징에서는 〈티베트 문화유산과 종교적 신념〉에 관한 온라인 세미나가 열렸습니다. 중국 국제 텔레비전은 "전 세계 학자들의 토론은, 중국이 소수민족 정책과 종교 정책에서 괄목할 만한 성과를 거두었고 세계가 중국을 더욱 포괄적으로 이해할 수 있는

창을 열었다"고 보도했습니다. 만약 중국이 티베트 문화유산과 종교적 신념에 정말로 관심이 있다면 티베트어를 지역의 주요 언어로 복원하고, 전통성 있는 사원 교육을 허용하며, 달라이 라마 성하와 다른 고위 라마들의 환생자 선정에는 간섭하지 말아야 합니다.

두 세미나 모두, 제네바에서 진행 중인 제44차 유엔인권이사회 정기총회에서 중국이 당면한 비판에 대응하고 희석하려는 선전 수법입니다. 유엔 독립 전문가 약 50명과 유엔 특별 절차 위임자 30명이 중국과 홍콩, 티베트, 동투르키스탄(위구르)과 같은 중국 점령 지역에서 인권과 종교 자유의 심각한 침해에 대해 유엔인권이사회의 대응을 촉구했습니다.

세미나에서 중국은 티베트에서 문화적, 종교적 자유가 있다고 주장했습니다. 그러면서 최근에는 티베트에서 모든 룽따རླུང་རྟ།[35]를 철거하라는 명령을 내렸습니다. 라룽가르와 야첸가르 같은 대규모 사원들은 철거에 직면했고, 비구와 비구니 스님들은 추방되었습니다. 사원은 이제 공산당원들이 통제하는 곳이 되었습니다. 아이들의 사찰 방문이 금지되고 사람들은 달라이 라마 성하의 사진을 가지고 있는 것만으로도 체포되고 고문당합니다.

코로나19 팬데믹이라는 어려운 시기에 국제사회와 협력하는 대신 중국은 더 공격적이고 패권적으로 되었습니다. 중국의 동남중국해와 인도 국경에서 도발은 국제사회의 비난을 받았습니다. 티베트와

[35] 룽따རླུང་རྟ།는 티베트 불교에서 '바람처럼 빠르게 달리는 말'을 상징하며, 기도문이 적힌 오색 깃발을 가리키기도 합니다. 오색 깃발에 적힌 기도문이 바람에 날리면서 법문이 세상에 널리 퍼진다는 의미로 사용합니다.

위구르에서 중국의 잔혹 행위와 억압이 증가했습니다.

그럼에도 중국 국제 텔레비전은 이 행사들을 국제 세미나로 보도했습니다. 그러나 그것은 중국의 국내용 세미나였습니다. 충칭 세미나에서 보도된 유일한 외국 대표는 중국의 부채 함정에 빠진 오래된 친구, 파키스탄과 네팔뿐이었습니다.

"티베트의 사회 발전과 인권 70년"이라고 하지만 티베트인들에게는 잔인한 점령과 억압뿐인 70년이었습니다. 티베트인들은 진정한 자치권을 박탈당했습니다. 인권과 종교의 자유는 없습니다. 해외여행은 고사하고 티베트 내 여행도 허용되지 않습니다. 이것이 현실입니다.

우리는 유엔 독립 조사관 50명이 제출한 보고서에 대해 유엔인권이사회가 마땅한 조치를 하고, 중국은 인권을 존중하고 국제 규범 준수를 촉구하며, 거짓된 세미나를 통해 국제사회를 오도하지 말기를 요청합니다.

시진핑의 티베트 포럼 연설은 중국 공산당의 정책 실패를 드러낸다

베이징에서 열린 제7차 티베트 업무 포럼에서 연설하는 시진핑 주석
(사진/신화통신)

2020년 8월 28일과 29일, 베이징에서 티베트 업무 포럼이 열렸습니다. 포럼에서 중국의 시진핑 주석은 티베트의 안정을 유지하고, 국가의 단결을 보호하며, '분리주의자'와 투쟁을 위해 대중을 교육하는 '난공불락의 요새'를 건설할 것을 촉구하는 열띤 연설을 했습니다.

이 행사와 시진핑의 연설을 지역과 국제 언론 매체에서 널리 보도하고 전파했습니다. 공식 중국 언론에서는 '티베트의 정책 방향을 설정'한 행사였다고 자화자찬했습니다.

중국 공산당 공식 대변인 중 하나인 신화통신은 시진핑 주석의 연설을 다음과 같이 인용했습니다.

"티베트는 단결하고 번영하며, 문화적으로 발전하고, 조화롭고 아름다운, 새로운 현대 사회주의 티베트를 건설하기 위해 노력해야 합니다. 또한 티베트 관련 사업들은 국가 통일 수호와 민족 단결 강화에 초점을 맞춰야 합니다. 분리주의 활동을 퇴치하는 데에 인민의 참여를 동원하기 위해 더 많은 교육과 지침이 필요합니다. 이를 통해 안정을 확보하기 위한 철벽 방패를 만들어야 합니다."

그가 연설에서 표현한 언어와 내용을 파악해 보면, 티베트가 불안정하다는 것을 스스로 인정하고 있습니다. 달리 말하면 중국 공산당의 완전한 정책 실패를 무마하려는 또 다른 시도입니다. 중국 최고 지도자의 연설은, 70년이라는 점령 동안 티베트와 티베트인들에게 이익이 되는 자랑스러운 업적이 전혀 없음을 명백하게 드러냈습니다. 티베트인들의 신뢰와 충성을 얻지 못한 것도 당연합니다. 티베트의 광물 자원을 착취하고 그 땅을 군사화하여 티베트와 주변 지역까지 장악하려는 정책만 더욱 강화했을 뿐입니다.

중국은 티베트와 티베트인들을 '봉건적 노예제'에서 '해방'하고 그 지역을 '사회주의 낙원'으로 변화시켰다고 줄기차게 주장했습니다. 발전, 민주개혁, 인권 개선, 종교 자유를 주장했습니다. 진실로 그러하다면 왜 갑자기 '새로운 현대 사회주의 티베트'를 건설하라는 지시가 나왔을까요? 그들이 오랜 세월 동안 자랑해온 '사회주의 낙원'은 어떻게 된 것일까요? 왜 국가 통일 수호와 민족 단결 강화에 초점을 맞추는 노력을 해야 할까요? 왜 티베트에서 난공불락의 요새를 건설하고 분리주의자와 싸워야 할까요?

이는 70년의 점령과 세뇌에도 불구하고 티베트인들이 중국의 통치를 받아들이지 않았다는 것, 티베트 사람들은 여전히 중국 공산주의 체제와 그 억압적 정책에 저항하고 있음을 의미합니다. 중국 지도부는 이제 티베트 문제가 국제적 문제가 되고 중국 공산당의 아킬레스건이 되었다는 것을 깨달았습니다.

달라이 라마 성하는 1988년에 이미 다음과 같이 말했습니다.

"중국 지도부는 다른 영토에 대한 식민지 통치가 시대착오임을 깨달아야 합니다. 진정한 연합체는 관련 당사자들이 만족할 만한 이익이 있을 때만 자발적으로 유지될 수 있습니다. 유럽 공동체가 분명한 예입니다. 반면, 신뢰나 이익이 부족하고 무력을 통치 수단으로 사용하면 한 국가나 공동체라도 둘 이상으로 분열될 수 있습니다."

중국 지도부가 정말로 티베트와 티베트인들을 돌보았다면 오늘날 상황은 달라졌을 것입니다. 티베트인들은 중국 공산당의 잔인한 통치에 고통받아왔고 여전히 고통받고 있습니다. 2009년 이후 티베트인 154명 이상이 중국의 억압적 정책에 항의하기 위해 자신의 몸을 불사르고 있을 때도 억압과 차별의 긴 악몽은 계속 이어지고 있었습니다.

중국은 학교 등의 교육 현장에서 사용하는 언어를 티베트어에서 중국 만다린어로 바꾸었습니다. 티베트인들의 가정에는 달라이 라마 성하의 사진 대신 시진핑의 사진을 걸어야 합니다. 티베트 불교의 기도 깃발인 룽따 걸기를 금지했습니다. 티베트 최고 환생 라마

중 한 명인 11대 빤첸 라마པཎ་ཆེན་བླ་མ།는 1995년부터 가족들과 함께 납치되어 아직도 행방을 알 수 없습니다.[36] 여기에 한술 더 떠 중국은 자신들의 꼭두각시 노릇을 할 새로운 빤첸 라마를 임명했고 티베트인들에게는 가짜 빤첸 라마를 경배하도록 강요하였습니다.

상황이 이러한데, 어떻게 티베트인들이 공산당 체제에 존경심을 가질 수 있겠습니까? 안정과 단결은 총과 억압으로 이룰 수 없습니다. 중국은 티베트 문화, 종교, 그리고 티베트인들의 감정을 존중해야 합니다. '티베트 불교를 중국 맥락에서 사회주의에 적응시키는' 시진핑의 정책은 티베트인들을 해칠 뿐만 아니라 히말라야 지역의 모든 불교권 사람들의 분노와 국제사회의 비난을 불러일으킬 것입니다. 다시 언급하지만, 이는 종교 자유와 중국 헌법 자체에 대한 심각한 위반입니다.

---

36 겐뒨 최끼 니마དགེ་འདུན་ཆོས་ཀྱི་ཉི་མ།는 1989년 4월 25일 티베트 낙추 지역에서 태어났습니다. 유목민 가정 출신으로, 1995년 달라이 라마 14세가 11대 빤첸 라마로 인정했습니다. 그는 당시 6세였으나 빤첸 라마 인정 3일 후인 5월 17일, 중국 당국에 의해 그의 가족과 함께 강제 연행되었습니다. 그리고 중국정부는 같은 해 11월, 다른 사람을 11대 빤첸 라마로 임명했습니다. 중국은 이를 통해 티베트 불교의 환생 인정 과정에 정부가 개입하는 선례를 만들었습니다.

유엔 아동권리위원회는 겐뒨 최끼 니마의 행방에 대한 정보 공개를 중국 정부에 요구했고, 국제 인권 단체들은 그를 '세계에서 가장 어린 정치범'으로 규정했습니다. 각국 정부와 의회는 중국에 그의 석방을 지속적으로 요구해 왔습니다. 중국 당국은 겐뒨 최끼 니마가 '정상적인 생활을 하고 있다'고 주장하면서도 그의 거주지나 생활에 대한 구체적 정보는 공개하지 않았습니다. 2025년 겐둔 최끼 니마는 36세가 되었으며, 강제 연행 이후 현재까지 30년간 그의 행방은 확인되지 않았습니다. 달라이 라마는 그가 생존해 있다고 믿는다고 여러 차례 밝혔습니다. 이 사건은 중국의 티베트 종교 정책과 관련한 주요 인권 문제로 계속 제기되고 있습니다.

차이나 데일리는 시진핑 주석의 "빈곤 퇴치에서 이룬 성과를 공고히 하기 위해 더 많은 일, 조치, 지원이 필요하다"는 말을 인용했습니다.

물질적 성취만으로 빈곤을 측정할 수 없습니다. 중요한 것은 사람들의 복지와 행복입니다. 티베트인들은 자급자족하며 만족스럽게 살았습니다. 기근과 기아는 과거 티베트에서 들어보지 못한 단어였지만, 중국의 통치하에서는 기근과 기아를 겪어야 했습니다. 그가 말하는 '빈곤 퇴치'란 무슨 뜻입니까?

과거에는 시멘트 포장도로, 고속도로, 철도, 공항과 같은 시설은 없었습니다. 그럼에도 티베트인들은 가축을 데리고 유목하며 자유롭게 티베트 땅을 누릴 수 있었습니다. 오늘날에는 24시간 감시체제 안에 갇혀 있습니다. 해외여행까지는 바라지도 않습니다. 티베트인들은 티베트 내에서도 여행하지 못합니다. 이것은 대체 어떤 발전입니까?

요약하자면, 시진핑의 연설은 중국 공산당의 정책 실패를 드러내는 동시에 티베트의 티베트인들에게 더 가혹한 시기가 올 것임을 분명히 예고했습니다. 티베트에서 더 엄격한 감시 강화를 명령하고 티베트 불교를 공산주의 이데올로기에 맞게 개조할 것을 요구했습니다. 이 메시지는 인도와 이웃 국가들에게도 긴장감을 유발합니다.

중국은 이제 카일라시 산과 마나사로바르 호수의 신성한 장소에까지 군사 기지와 미사일 기지를 설립하는 지경에 이르렀습니다. 불교도와 힌두교도들의 성지를 이용해 종교의 나라 티베트와 인도를 공격하고 있습니다. 현재 인도 국경에서 일어나고 있는 일과 네팔에서 그들의 은밀한 활동 그리고 의심스러운 일대일로 프로젝트는 모두 중국 공산당의 확장주의 정책의 방증입니다. 이 패권적 야망을 실현하기 위해 중국은 티베트에 대한 압박을 강화하며 '난공불락의 요새'를 건설하고 있습니다. 그럼에도 시진핑의 말은 실효성이 없다고 여기는 견해도 있습니다. 중국에서 시작된 코로나19 팬데믹 이후 증폭된 내부적 비판을 전환하기 위해 이런 공격적인 모습을 취하고 있다는 것입니다.

인도와 국제사회는 티베트를 '문제'가 아닌 '해결책'으로 봐야 합니다. 중국은 팽창주의 계획을 이루기 위해 티베트를 이용하고 있습니다. 인도와 중국 사이의 완충지대였던 과거의 티베트를 되찾고 달라이 라마 성하가 제안한 대로 '평화 지대'로 선언하는 것은, 국경지대에 평화와 안정을 이루고 중국이라는 맹렬한 용을 길들이기 위한 궁극적인 해결책입니다.

로싸르, 티베트 설날에 대한 간략한 소개

티베트의 새해인 로싸르를 맞아 꾸며놓은 전통 제단 장식

로싸르ལོ་གསར།는 티베트어로 새해를 의미합니다. 티베트 달력으로 음력 1월 1일이며 2020년의 로싸르는 양력으로 2월 24일입니다. 로싸르는 한 해 중에 가장 많은 축하가 오가며, 1~2주 동안에 즐거운 문화적, 종교적 행사를 많이 진행합니다. 이 기간에는 티베트 문화의 정수를 경험하고 즐길 수 있습니다. 남녀노소 모두 멋진 전통 의상을 갖춰 입으며 각 가정과 사원, 주변의 언덕 위까지 화려한 기도 깃발이 펄럭입니다. 하지만 안타깝게도 티베트 본토에서는 공산주의 체제에 대한 위협으로 간주하기 때문에 로싸르를 온전히 즐길 수 없습니다.

로싸르 이틀 전, 즉 한 해의 마지막 달 29일과 30일도 로싸르의 중요한 준비 행사가 있습니다. 29일은 니슈구ཉི་ཤུ་དགུ라고 하며, 가족 구성원들이 저녁에 함께 구툭དགུ་ཐུག이라고 하는 아홉 가지 재료로 만든 국수를 즐깁니다. 또한 뤼གླུད라고 하는 밀가루 반죽 인형을 만들어 가족들에게 남아 있는 묵은해의 불운과 여러 액운을 내쫓습니다. 그리고 30일은 남강གནམ་གང་이라고 부릅니다. 새해를 맞이하는 제단 장식이나 음식 등의 준비는 남강 밤까지 마쳐야 합니다. 남성은 29일에, 여성은 30일에 목욕재계하는데 이는 새해를 깨끗한 몸과 마음으로 시작한다는 의미입니다.

로싸르의 첫날 쭉라캉에서 긴 나팔을 부는 스님들
(사진/뗀진 펜데, 티베트 망명정부)

로싸르는 지역 전통에 따라 다양한 방식이 있지만, 로싸르 첫 사흘을 매우 중요하게 여기는 것은 모두 같습니다. 첫째 날은 '스승 로싸르བླ་མ་ལོ་གསར།'라고 하는데 사람들은 사원을 방문하고 스승들께 예를 올리며 그들의 축복을 받습니다. 그리고 보통 가족끼리 보냅니다. 둘째 날은 '갤뽀 로싸르རྒྱལ་པོ་ལོ་གསར།'라고 합니다. 갤뽀는 권위를 나타내는 왕을 뜻합니다. 공식적인 기념과 축하 행사는 이날 이루어집니다. 셋째 날은 '최꽁 로싸르ཆོས་སྐྱོང་ལོ་གསར།'입니다. 최꽁은 호법신을 의미하며 이날에는 언덕과 집 주변에 기도 깃발을 내걸고 호법신들에게 기원하며 기도문을 낭송합니다.

로싸르 기간 동안 각 가정에서는 신성한 제단을 마련하고 길상을 상징하는 제물을 올려 풍성하게 장식합니다. 이는 지난 한 해를 무탈하게 살게 해준 자연, 지역 신, 토지신에게 감사를 표하고 다시 새해의 축복을 기원하는 티베트의 전통입니다. 이 신성한 제단에 올리는 것들이 있는데 그것은 각각 데르카སྡེར་ཁ།, 욘찹ཡོན་ཆབ།, 로퓌ལོ་ཕུད།, 창퓌ཆང་ཕུད།, 룩고ལུག་མགོ།, 도소체마르གྲོ་སོ་ཕྱེ་མར།입니다.

먼저 데르카སྡེར་ཁ།를 설명하겠습니다. 데르카는 티베트의 전통 튀김과자인 캄세ཁམ་ཟས།를 쌓아 올린 것을 말합니다. '데르'는 접시를 말하고, '카'는 입을 의미합니다. 따라서 데르카는 많은 음식이 담긴 커다란 접시입니다. 이 데르카는 봉뷔암촉བོང་བུའི་ཨ་མཆོག이라고 하는 종류의 캄세를 중심으로, 다양한 음식과 함께 제단에 올립니다. 봉뷔암촉은 문자 그대로 하자면 당나귀의 귀를 의미하는데 이는 캄세의 모양새를 보고 지은 이름으로 보입니다. 봉뷔암촉의 길이는 30cm 정도에, 폭은 10cm, 두께는 8~10cm 정도인데 뜨거운 기름에 튀겨서 단단합니다.

봉뷔암촉은 데르카의 주요 기둥이 되어 전체 구조를 유지해줍니

데르카의 토대가 되는 캄세 봉뷔암촉
(사진/뗀진 펜데, 티베트 망명정부)

냐쌱 (사진/뗀진 펜데, 티베트 망명정부)

다. 봉뷔암촉은 데르카에서 8, 10, 12 등의 짝수로 맞추지만 봉뷔암촉 세 개로 단을 만들 때는 홀수로 하기도 합니다. 데르카는 여섯 칸으로 나누고 각각 여섯 종류의 캄세인 암촉ཨ་མཆོག།, 냐쌱ཉ་ཤག།, 따시묵둥བཀྲ་ཤིས་སྨུག་དུང་།, 깡체ཀང་ཚེ།, 뷀룩꼴로འབོ་ལུག་སྐོར་ལོ།, 핀핀독독ཕྱིན་ཕྱིན་རྡོག་རྡོག།입니다. 이 모든 게 다양한 물리적 형태의 캄세입니다. 데르카를 쌓을 때는 팔길상인 따씨딱게བཀྲ་ཤིས་རྟགས་བརྒྱད། 형태를 상징합니다. 가장 아래 봉뷔암촉을 지지대로 해서 그 위에 냐쌱 한 쌍, 따시묵둥 한 쌍, 꽁체 한 쌍, 뷀룩꼴로 1~2개, 맨 위에 핀핀독독을 올립니다.

뵐룩꼴로 (사진/뗀진 펜데, 티베트 망명정부)

공공기관이나 사원의 데르카의 봉뷔암촉은 대부분 오목한 부분의 입이 아래쪽을 향하는 반면, 일반 가정에서는 입이 위쪽을 향하도록 쌓습니다. 이유는, 일반 가정에서는 새해를 더욱 풍성하게 맞이하는 의미에서 입안에 달콤한 것들을 더 넣을 수 있도록 위쪽을 향한다고 합니다. 반면 공공기관에서는 그렇게 하지 않는데, 입을 아래로 향하게 하여 사람들을 살피며 당국과 일반 사람들이 원활하게 소통하려는 바람을 담는다고 합니다. 따라서 공식적인 데르카는 얼굴을 아래로 하고 일반적인 데르카는 얼굴을 위로 하여 서로 마주보는 모습을 만듭니다.

데르카에서 봉뷔암촉이 아래를 향하는 또 다른 설도 있습니다. 티베트 사회에서는 보통 모든 식기, 그릇, 컵, 용기 등의 입을 아래로 보관합니다. 만약 설거지를 한 후 빈 용기를 위쪽을 향하게 두면 티베트 사람들은 뒤집어 두라고 타이릅니다. 이는 티베트의 토속신앙과 관련이 있습니다. 선한 신들은 인간에게 해를 끼치는 악귀들을 제압하기 위해 싸우는데 이때 악귀들이 도망가다가 종종 그릇 안에 몸을 숨기기도 한답니다. 선한 신들은 신성하기 때문에 여러 오염이 가득한 인간의 그릇으로는 들어갈 수 없어 결국 악귀들은 선한 신들을 피할 수 있는 것입니다. 따라서 티베트에서는 모든 빈 식기와 용기를 아래로 향하게 하여 보관합니다.

이어서 욘찹ཡོན་ཆབ།입니다. 욘찹은 공덕수입니다. 불교에는 일곱 가지 제물을 상징하는 일곱 개 그릇이 있는데 그것들은 각각 가르침에 대한 제물 최욘མཆོད་ཡོན།, 발을 씻는 물 샵씰ཞབས་བསིལ།, 아름다운 꽃 메똑མེ་ཏོག, 정화를 위한 향 둑뾔བདུག་སྤོས།, 밝은 등불 낭쎌སྣང་གསལ།, 향기로운 물 디찹དྲི་ཆབ།, 그리고 음식 제물 섈세ཞལ་ཟས།입니다.

이어서 로퓌ལོ་ཕུད།는 장퓌ལྗང་ཕུད།라고도 하는데, 새해에 첫 싹을 틔운 녹색 보리싹으로 한 해의 풍년을 상징합니다.

창퓌ཆང་ཕུད།에서 창ཆང་།은 보리로 만든 술이며 퓌ཕུད།는 첫 번째를 의미합니다. 따라서 새해에 처음 담근 술을 뜻하고, 신들에게 감사하기 위해 제단에 바칩니다.

로퓌 (사진/뗀진 펜데, 티베트 망명정부)

다음으로 룩고ལུག་མགོ།는 양의 머리를 뜻하는데 밀가루나 보릿가루로 만듭니다. 양은 가족의 행복을 지켜주는 동물로 여기기 때문에 행운과 건강을 기원하며 제단에 올립니다.

보འབོ།는 체마르ཕྱེ་མར།를 위한 나무 용기로, 두 개 칸으로 나뉘어 있습니다. 오른쪽에는 밀가루인 두འབྲུ།를, 왼쪽에는 볶은 보릿가루인 짬빠རྩམ་པ།를 담습니다. 그 둘은 둥근 모양과 뾰족한 모양으로 만들며 꼭대기에는 깃털로 장식합니다. 로싸르 기간에 손님이 오면, 이 체마르에 담긴 보리를 조금씩 드리며 주인과 손님이 서로 행복을 기원하는 인사를 나눕니다.

위는 티베트 로싸르에서 사용하는 주요 물품들 중 일부입니다. 여기에서 언급한 내용은 실제 티베트 전통 로싸르 풍습의 10%도 되지 않습니다. 티베트 전통 오페라, 춤, 노래 등으로 로싸르 기간 동안 여러 날에 걸쳐 밤새도록 춤추고, 노래하고, 즐겁게 보내는 풍습이 있습니다.

슬프게도 중국이 티베트를 점령한 이후 티베트는 이러한 행복한 축제를 잃었습니다. 그러나 언젠가는 티베트 내외의 티베트인들에게 환한 태양이 빛나고, 한때 행복한 공동체를 이루며 산 것처럼 자유로운 삶을 살 수 있으리라고 믿습니다.

티베트 기도 깃발 룽따에 대한 소고

인도 무수리 하걜리산 정상에 걸린 룽따

티베트어로 룽རླུང་།은 공기나 바람을 의미하고 따རྟ།는 말馬입니다. 따라서 룽따རླུང་རྟ།는 바람의 말을 뜻하며, 우리의 에너지와 생명력을 운반하고 우리의 메시지를 신들에게 전달하는 신성한 말을 의미합니다. 만약 여러분이 티베트인들이 사는 마을이나 정착촌에 가면 먼저 언덕과 산의 능선, 나무들, 집의 옥상에 가로로 걸린 다채로운 깃발을 볼 수 있습니다. 이것이 룽따 다르쪽རླུང་རྟ་དར་ལྕོག 즉 티베트의 기도 깃발입니다. 룽따는 밀교를 믿는 히말라야 지역과 티베트 문화를 공유하는 지역에서 볼 수 있습니다.

이 룽따 기도 깃발은 무엇을 의미할까요? 티베트 의학이나 점성술에서는, 한 사람의 전반적인 건강을 평가할 때 다섯 가지가 매우 중요하다고 말합니다. 그것은 뤼ལུས།, 라བླ།, 쏙སྲོག།, 왕དབང་།, 룽따རླུང་རྟ།입니다. 이들은 각각 육체, 활력, 생명, 힘, 운運으로 설명할 수 있습니다. 여기서 마지막 조건인 룽따가 사람들에게 행운을 가져다주는 것을 상징하지만, 여기서 행운은 물질적인 부나 풍요로움이 아닌 인간 존재에 관한 모든 측면과 활력을 말합니다.

일이 순조롭게 진행되는지 여부는 일반적으로 개개인의 룽따 수준에 달렸습니다. 룽따의 수준이 높으면 하는 일들이 원만하게 이루어지며 원하는 목표를 이룰 수 있습니다. 룽따의 수준이 낮으면 그 반대 상황이 펼쳐질 수 있습니다.

룽따는 원래 '계곡의 말'을 뜻하는 룽따ཀླུང་རྟ།였으나 점차 '바람의 말'을 뜻하는 룽따རླུང་རྟ།로 바뀌었습니다. 이 바람의 말은 행복과 생명력을 운반합니다. 룽따가 빠르게 달릴수록 사람의 행복은 커지고 만사가 원활하게 풀립니다. 그때 사람들은 "오늘 내 바람의 말이 잘 달렸다"고 말합니다. 룽따 다르와རླུང་རྟ་དར་བ།, 룽따 개빠རླུང་རྟ་རྒྱས་པ།와 룽따 둡빠རླུང་རྟ་འགྲུབ་པ།와 같은 용어가 있는데 이는 각각 번성하는 룽따, 확장하는 룽따, 달리는 룽따를 의미하며 긍정적인 룽따입니다. 부정적인 룽따로는 룽따 착빠རླུང་རྟ་ཆག་པ།, 룽따 남빠རླུང་རྟ་ཉམས་པ།, 룽따 귀빠རླུང་རྟ་གུད་པ།가 있으며, 이는 각각 떨어지는 룽따, 감소하는 룽따, 몰락하는 룽따를 의미합니다. 티베트에는 "내가 쏘는 것은 의심할 여지가 없지만, 명중할지 안 할지는 내 룽따에 달렸다"는 속담도 있습니다.

따라서 룽따가 건강하게 하늘을 달릴 수 있도록 하는 게 중요합니다. 그래서 특히 티베트 새해인 로싸르 동안 룽따를 많이 내거는 풍습이 있습니다. 일이 순조롭게 진행되지 않을 때 사람들은 종종 룽따를 걸며 향을 피웁니다. 수호신들에게 공양을 올리며 룽따가 더욱 힘차게 달릴 수 있도록 기원합니다.

이제 룽따가 어떻게 생겼는지, 무엇이 적혀 있는지 설명하겠습니다. 그것은 직사각형이나 정사각형의 면직물에 노랑, 초록, 빨강, 흰색, 파랑 다섯 가지 색으로 이루어져 있습니다. 이 색들은 우주를 구성하는 5대 원소인 흙地, 물水, 불火, 공기風, 허공空을 의미합니다.

깃발의 네 모서리에는 동물들이 그려져 있는데 오른쪽 아래에 호랑이, 왼쪽 아래에 사자, 왼쪽 위에 가루다, 오른쪽 위에 용이 있습니다. 중앙에는 소원을 성취하게 해주는 보석인 여의주를 등에 싣고 나는 바람의 말이 있으며, 이 동물들 사이사이에 장애를 제거하기 위한 기도문을 적습니다. 또한 동물들마다 티베트 전통 점성술의 의미를 부여합니다. 호랑이는 뤼ལུས།, 설산 사자는 라བླ།, 가루다는 쏙སྲོག, 용은 왕དབང་།, 구름의 말은 룽따རླུང་རྟ།를 상징합니다.

한편 티베트 고대사를 연구하는 쌈뗀 카르메བསམ་གཏན་མཁར་རྨེའུ། 교수에 따르면, 티베트 고대 문헌에서는 사자가 '룽따'를 대표하고, 말은 '라'를 대표한다고 합니다. 그럼에도 티베트인들은 일반적으로 호랑이는 육체의 건강, 사자는 영혼의 건강, 가루다는 생명력, 용은 힘을, 그리고 말은 행운을 의미한다고 여깁니다. 기도 깃발을 통해 사람들은 행복과 건강을 증대하고 강한 생명력, 건강한 신체, 강력한 존재감, 그리고 활기찬 영혼을 보장한다고 생각합니다.

바람의 말(룽따)을 중심으로 각 모서리에
동물이 그려져 있는 일반적인 기도 깃발

여기서 중요한 질문이 하나 떠오릅니다. 룽따가 어디에서 기원했을까 하는 점입니다. 이 기원은 불교일까요? 아니면 토착종교인 뵌교བོན།일까요? 이 주제에 관한 자료는 극히 적습니다. 다행히 삼텐 카르메 교수가 편역한 『티베트의 기원དབུ་ནག་མིའུ་འདྲ་ཆགས།』[37]이라는 제목의 고대 문헌은 우리를 티베트 신화로 데려가 룽따의 기원에 관한 유용한 정보를 제공합니다. 카르메 교수는 자신의 저술을 통해 "이 문

[37] 이 제목은 문헌의 내용을 근거로 의역한 것이며, 직역하자면 『검은 머리 작은 사람의 출현དབུ་ནག་མིའུ་འདྲ་ཆགས།』이라는 뜻입니다. 여기서 '검은 머리 작은 사람'은 티베트인을 일컫습니다.

헌은 티쏭 데쩬(742~797) 왕 때의 것으로 알려졌지만 텍스트에는 쿠빌라이 칸에 대한 언급이 있다. 따라서 이것은 13세기 이전의 문헌으로 볼 수 없다"고 말합니다.

이 고대 문헌에는 우주와 티베트 사람들의 기원 신화를 다루는 여섯 가지 노래와 시가 실려 있습니다. 이야기는, 태초에 우주는 알 형태로서 그 알에서 씨빠 쌍뽀티སྲིད་པ་བཟང་པོ་ཁྲི།라는 존재가 나타났으며 그는 예묀 걜뽀ཡེ་སྨོན་རྒྱལ་པོ།라는 이름으로도 알려졌습니다. 그에서 신들, 정령들, 인간들의 조상이 되는 차ཕྱྭ།, 무དམུ།, 쭉གཙུག།, 녠གཉན།, 예ཡེ།, 그리고 응암ངམ།이 왔습니다.

이 중에 찰하 얍라 델둑ཕྱྭ་ལྷ་ཡབ་ལྷ་དལ་དྲུག의 자녀 37명 중 가장 어린 씨빠 네톰སྲིད་པ་སྣེ་ཐོམས།이 인류를 만들기 위해 지구로 왔습니다. 그는 자신과 같은 차ཕྱྭ། 여성과 살면서 지구에서 아들 팅뽀ཐིང་པོ།를 낳았습니다. 팅뽀에게서 톰ཐོམས།, 갸རྒྱ།, 호르ཧོར།, 뵈བོད།, 장ལྗང།, 묀མོན།이 태어났는데 이들은 각각 페르시아, 중국, 몽골, 티베트, 윈난, 인도를 말합니다.

이들 중 티베트(뵈)의 후손 중 한 명이 바로 족장 파 아녜 티토 첸뽀ཕ་ཨ་ཉེས་ཁྲི་ཐོ་ཆེན་པོ།인데 그에게는 세 아내가 있었습니다. 녠사གཉན་བཟའ།, 무사དམུ་བཟའ།, 씬사སྲིན་བཟའ།입니다. 녠사는 세 아들-동ལྡོང།, 다དབྲ།, 두འདྲུ།-를 두고, 뮈사는 한 아들-가སྐྱ།, 그리고 씬사는 두 아들-바དཔལ།, 다ཟླ།-를 두었습니다.

어느 날 티토가 하리 산ལྷ་རི།에서 야크를 돌보고 있을 때, 악마의 땅에서 온 일곱 도적이 그의 모든 야크를 훔쳤습니다. 분노한 그는 도적을 추격했지만 그의 아내 녠사는 남편이 강도들을 쫓다가 도리어 해를 당할까 걱정했습니다. 그녀는 큰 개구리로 변신해 길을 막았습니다. 그러나 개구리가 자기 아내인 줄 모른 티토는 격분하여 개구리를 죽였습니다. 녠사의 고통스러운 울음소리를 들은 그녀의 아버지 녠겐 데와གཉན་ཀན་རྡེ་བ།는 화살을 쏘아 티토를 죽였습니다.

그 후 티토의 아들 여섯 형제는 아버지의 죽음에 복수하겠다고 맹세했습니다. 그들은 먼저 아버지를 죽인 녠겐 데와에게 보상을 요구하여 각각 용, 독수리, 야크, 호랑이, 염소, 개를 받았습니다. 그러나 염소와 개를 받은 '바'와 '다'는 이에 만족하지 않고, 국경을 향해 떠났습니다. 이 여섯 형제는 후에 티베트의 주요한 6개 원시 부족인, 쎄སེ།, 무དམུ།, 동ལྡོང་།, 똥སྟོང་།, 다དབྲ།, 두འབྲུ།의 조상이 되었답니다.

용, 독수리, 야크, 호랑이를 받은 네 형제는 각각 전쟁의 신 달라དགྲ་ལྷ།의 상징으로 네 동물을 받아들여 투지를 불태우며 아버지를 죽게 한 도적들을 정복하러 갔습니다. 그리하여 마침내 악마의 왕인 캅빠 락링ཁྱབ་པ་ལག་རིང་།을 제압하고, 후에 네 동물은 티베트의 주요 종족인 동ལྡོང་།, 다དབྲ།, 두འབྲུ།, 가སྒ 부족의 상징이 되었습니다. 그래서 룽따에는 티베트인들의 행복을 뜻하는 상징으로 이 네 동물들을 그렸습니다. 카르메 교수는, 후에 사자가 티베트 국가의 상징이 될 무렵부터 룽따에서 야크를 대신하여 사자를 그렸으리라고 합니다.

한편 중국에는 롱마龍馬라고 하는 것이 있습니다. 중국어로 '롱'은 용을 의미하고, '마'는 말을 의미합니다. 따라서 용-말입니다. 일부 학자들은 룽따가 중국어 롱마에서 파생되었다고 말합니다. 만약 그렇다면 그것은 티베트어로 '룽따རླུང་རྟ།'가 아니라 '둑따འབྲུག་རྟ།'여야 합니다. 티베트인들이 '롱' 발음을 사용하고 '마'의 의미를 쓴다면 티베트어의 '룽따'에 가깝기는 하겠지만 이것은 지나친 비약입니다.

하지만 룽따와 마찬가지로 용이 중국에서도 힘, 부, 행복을 의미하는 길상의 상징인 것은 맞습니다.

또한 일본에는 룽따와 비슷한 에마가 있습니다. 에마는 말 그림을 그린 작은 나무판입니다. 이 에마의 기원은 불교가 아닌 일본의 토착종교 신토神道에서 기원했지만, 현재는 신토 신사와 불교 사원에서 모두 에마를 볼 수 있습니다. 사람들은 에마에 소원과 기도를 적어 신사와 사원에 걸어두면 그림 속 말들이 이 메시지를 신에게 전달한다고 믿습니다. 길상적인 행사 동안, 신사와 사원들은 이 에마들을 태워 신자들의 기도와 소원의 완성을 의미합니다.

일본의 에마, 나리타산 신쇼지 사원 (사진/TGA)

티베트의 룽따는, 세상의 모든 것이 상호 의존한다는 연기법의 가르침을 중시하는 티베트 문화로서 신들, 행성, 인간들, 동물들 사이의 조화를 나타냅니다. 그것은 티베트 문화 속에 담긴 신들과 영혼들에 대한 깊은 경외심, 자연을 이루는 모든 원소에 대한 존중, 그리고 동물에 대한 사랑과 조화를 보여줍니다. 이는 잠링 찌쌍འཛམ་གླིང་སྤྱི་བསང་ས།에 잘 나타나 있습니다. 잠링 찌쌍은 고대부터 티베트인들이 이어온 세계 평화와 우주의 조화를 위한 기도의 날입니다.

다람살라 라갈리의 룽따 (사진/TGA)

이상과 같은 룽따의 중요한 의미를 생각해 볼 때, 전 세계의 많은 사회과학자들이 티베트 문화를 이해하고 보존하는 것은 세계 평화와 조화를 위해 반드시 해야 할 일이라고 생각합니다.

티베트의 대기원 법회 초퇼 뒤첸

2019년 2월, 티베트에서 봉행한 초퇼 뒤첸 (사진/Sichuanfun)

초퇼 뒤첸ཆོ་འཕྲུལ་དུས་ཆེན།은 티베트의 로싸르 바로 뒤에 봉행하는 대기원 법회입니다. 이 행사는 한때 티베트 본토에서 매년 큰 종교적 열정으로 열어온 행사입니다. 비구, 비구니를 비롯한 사부대중과 정부 관리, 그리고 각계각층 일반인들이 라싸의 쭉락캉གཙུག་ལག་ཁང་།에 모여 기도를 올리고 본존불 조오 린뽀체ཇོ་བོ་རིན་པོ་ཆེ།와 여러 불보살의 가피를 받기 위해 모입니다. 이 축제는 석가모니 부처님이 인도의 슈라바스

티Śrāvastī[38]에서 여섯 이교도 대가와 신통력 대결에서 승리한 것을 기념하기 위해 시작되었습니다. 인도의 법왕들은 이 축제를 개최해 기념했고, 티베트에 불교가 전해진 후에는 티베트의 왕이나 불교도들도 어떤 형태로든 이를 축하했습니다.

그러던 중 티베트 불교의 겔룩빠དགེ་ལུགས་པ།의 창시자인 제 쫑카빠རྗེ་ཙོང་ཁ་པ། 대사가 1409년에 이 축제를 공식 대기원 법회로 시작했습니다. 처음에는 라싸에서 열었는데, 이때 라싸 쪽락캉에 모신 조오 린뽀체 불상과 다른 불상들에 예를 표하고 여러 가지 공양물로 장엄했습니다. 이 축제는 먼저 쎄라 사원སེ་ར་དགོན་པ།과 데뿡 사원འབྲས་སྤུངས་དགོན་པ།의 승려들이 참여하면서 시작되었고, 후에 다른 사원의 승려들과 불자들까지 함께했다고 합니다. 축제는 8천 명이 넘는 승려들이 모든 중생의 평화와 행복을 위해 15일 동안 기도하는 큰 종교 축제입니다.

1614년, 4대 빤첸 롭상 최끼 걜첸པཎ་ཆེན་བློ་བཟང་ཆོས་ཀྱི་རྒྱལ་མཚན།은 이 축제 동안 쎄라སེ་ར།, 데뿡འབྲས་སྤུངས།, 가덴དགའ་ལྡན།의 승려들을 위한 게쎼 하람빠ལྷ་རམས་པའི་དགེ་བཤེས། 시험을 도입했습니다. 승려들은 많은 사람들 앞에서 공개적으로 토론하고 그들의 학식을 시험 받았으며 합격자는 게쎼 학위를 받았습니다.

또 축제에서는 티베트 불교의 의식무儀式舞인 참འཆམ་을 공연하고, 거대한 불화인 탕까ཐང་ཀ་를 펼쳐서 사람들이 보고 가피를 받을 수 있게 했습니다. 축제는 후에 라싸에서 열리는 대기원 법회라는 뜻으로

38 이곳은 석가모니 부처님이 가장 오랫동안 머무르며 많은 설법을 하신 곳이기도 합니다. 이 사건이 바로 티베트의 초퇼 뒤첸의 기원이 되고, 현재 인도의 우따르 쁘라데시 주에 유적이 남아 있습니다.

하덴 묀람 첸모ལྷ་ལྡན་སྨོན་ལམ་ཆེན་མོ།라는 이름으로 알려졌습니다. 그 이후로 1959년 중국의 티베트 통치가 시작되기 전까지 몇 차례를 제외하고 매년 초퇼 뒤첸이 열렸습니다. 티베트 각지의 비구, 비구니 그리고 티베트의 다른 지역 사람들이 이 종교 축제에 참석하기 위해 라싸로 몰려들었습니다.

1959년 초퇼 뒤첸 13일째, 달라이 라마 성하의 게쎼 하람빠 시험이 진행되었습니다. 중국의 티베트 침략이라는 긴박한 상황인데다, 티베트의 국가원수라는 막중한 책임을 안은 채 다른 여느 학승들과 같은 과정을 걸었습니다. 당시의 일에 대해 자서전 『티베트, 나의 조국이여』에서 다음과 같이 회상하셨습니다.

"나는 라싸에서 매년 열리는 묀람 축제 기간에 최종 시험에 응시했다. 오랜 세월 부처님의 위대한 가르침을 공부한 후 마지막 시험을 치르고 마침내 학위를 받으니 자랑스럽고 기뻤다…."

인도 망명 후, 달라이 라마 성하는 티베트를 탈출한 고위 환생 라마들과 게쎼들을 서벵갈의 북사Buxa에 머물게 하고 나중에는 남인도로 옮기셨습니다. 축제의 규모는 줄었지만 초퇼 뒤첸은 계속되었습니다. 1969년, 티베트 망명정부가 있는 다람살라에 쭉락캉이 완공되자 초퇼 뒤첸은 다람살라에서 다시 열렸습니다. 이후 매년 티베트 로싸르와 초퇼 뒤첸이 열렸으며 이때 달라이 라마 성하는 대중에게 법문을 전합니다.

초퇼 뒤첸에서는 버터로 만든 공양물인 또르마གཏོར་མ།도 유명합니다. 이는 보름달의 공양물 쫑아 최빠བཅོ་ལྔ་མཆོད་པ།라고 하며 규뙤རྒྱུད་སྟོད།와 규메རྒྱུད་སྨད། 사원의 승려들이 번갈아 만듭니다. 버터로 만드는 조각물은 티베트 불교의 독자적인 예술로 불보살, 수호신, 동식물 들의 아름답고 신성한 이미지를 종교적 제물로 놓습니다. 형형색색의 버터로 만든 성스러운 이 공양물은 모든 사람이 감상할 수 있도록 쭉락캉에 장식합니다.

2019년은 달라이 라마 성하께서 게셰 하람빠 시험에 합격한 지 60년째가 됩니다. 동시에 돼지띠에 해당하여 티베트 점성술에 의하면 달라이 라마 성하에게 궁껙དགུང་ཀེག[39]이라고 하는 장애의 해입니다. 그렇기에 티베트인들과 달라이 라마 성하를 믿고 따르는 사람들은 존자님께 있을 수 있는 장애를 완화하기 위해 더욱 경건하게 행동하며 그의 가르침을 실천하기 위해 노력해야 합니다.

중국의 티베트 점령 이후, 티베트에서는 초툴 뒤첸이 허용되지 않았습니다. 그러다 중국은 티베트에 종교의 자유가 있음을 보여주기 위해 1986년부터 2~3년 동안 이 축제를 허용했지만, 축제에 많은 대중들이 모이면 중국의 탄압에 대한 항의로 이어질까 우려해 다시 금지했습니다. 오늘날 라싸의 바코르 광장과 사원 주변까지 티베트인들의 움직임을 매우 엄격하게 감시하고 있습니다. 그런데도 그들은 티베트에 종교와 문화의 자유가 있다고 뻔뻔스럽게 말합니다!

---

[39] 티베트 점성술에서는 개인의 생년에 따라 특정 해를 장애나 어려움이 있는 해로 여기는데, 이를 바르췰로བར་ཆད་ལོ། 혹은 궁껙དགུང་ཀེག이라고 합니다. 이런 해에는 특별한 기도나 공덕을 쌓아 이를 극복하려는 전통이 있습니다.

부록 1

제13대 달라이 라마가 1913년 1월 8일[40]에 발표한 선언문

저, 달라이 라마는 불교의 가장 통찰력 있는 소유자로서 인도의 영광스러운 땅에서 부처님의 명령에 따라 부여받은 칭호를 가지고 여러분께 다음과 같이 말씀드립니다.

저는 모든 티베트 사람에게 말합니다. 성스러운 인도의 땅에서 오신 부처님은, 초기 종교 왕들부터 지금에 이르기까지 관세음보살의 환생이 티베트의 복지를 돌볼 것이라고 예언하셨습니다.

칭기즈 칸과 몽골인, 중국의 명나라, 만주의 청나라 시대에 티베트와 중국은 사제-후원자의 관계를 기반으로 협력했습니다. 몇 년 전, 쓰촨성과 윈난성의 중국 당국은 우리 영토를 식민지로 하려 했습니다. 그들은 무역 거점을 관리한다는 명목으로 중앙 티베트에 대규모 군대를 파견했습니다. 그래서 저는 티베트와 중국은 사제-후원자 사이의 관계였으며 한쪽이 다른 쪽에 예속된 관계가 아니었음을 명확히 하기 위해 만주 황제에게 전보로 명확히 밝히고자 했습니다. 장관들과 함께 인도-티베트 국경으로 떠났습니다. 중국군이 제 생사를 가리지 않고 체포하려는 의도로 따라왔기 때문에 저는 국경을 넘을 수밖에 없었습니다.

---

[40] 이 표기는 티베트 달력 날짜이며, 양력으로 하면 1913년 2월 13일입니다.

인도에 도착한 후 저는 황제에게 여러 차례 전보를 보냈지만, 베이징의 부패한 관리들 때문에 제 요구에 대한 답변이 지연되었습니다. 그 사이에 만주 제국이 붕괴하고 티베트인들은 중앙 티베트에서 중국군을 축출하였습니다. 저 역시 마땅히 내 나라, 신성한 땅으로 안전하게 돌아왔고 지금은 동티베트 도캄མདོ་ཁམས། 지역에서 중국군의 잔존 세력을 몰아내는 중입니다. 사제-후원자의 관계는, 지금 티베트를 식민지로 하려는 중국의 의도로 하늘의 무지개처럼 사라져 버렸습니다.

다시금 행복과 평화의 시기를 얻었으니, 저는 이제 여러분에게 다음과 같은 의무를 소홀히 하지 말고 이행하도록 당부합니다.

1. 이 세상의 평화와 행복은 불교를 보존함으로써만 유지될 수 있습니다. 따라서 라싸의 조캉ཇོ་ཁང་། 사원과 라모체ར་མོ་ཆེ།, 티베트 남부의 쌈예བསམ་ཡས།와 타둑ཁྲ་འབྲུག과 세 개 대사원[41] 등 티베트의 모든 불교 기관을 보존하는 것이 필수적입니다.

2. 티베트의 다양한 불교 종파는 분명하고 순수하게 유지해야 합니다. 불교는 올바르게 가르치고, 배우고, 수행해야 합니다. 특별한 사람들을 제외하고 사원의 관리자들은 장사를 하거나 고리대금업을 하거나 가축을 다루거나 아랫사람을 억압하는 것을 금지합니다.

3. 티베트 정부의 문무 관료들은 세금을 징수하거나 백성을 다룰

---

[41] 티베트 불교 겔룩빠의 3대 사원སེར་འབྲས་དགའ་གསུམ།을 가리키는 고정된 표현입니다. 이는 쎄라སེ་ར།, 데뿡འབྲས་སྤུངས།, 가덴དགའ་ལྡན།이며, 쫑카빠나 그의 제자들이 설립한 핵심 사원입니다.

때, 그들의 이익을 해치지 않으면서 정부에 이익이 되도록 공정하고 정직하게 의무를 수행해야 합니다. 서티베트의 응아리 꼬르쑴མངའ་རིས་སྐོར་གསུམ།과 동티베트의 도캄མདོ་ཁམས།에 파견된 중앙 정부 관료 중 일부는 백성들에게 상품을 높은 가격에 구매하도록 강요하고 정부가 허용한 한도를 초과하는 운송세를 부과했습니다. 경미한 법 위반을 빌미로 백성들의 주택, 재산, 토지를 몰수했습니다. 또한 백성들의 사지를 절단하는 형벌을 내리기도 했습니다. 앞으로 이런 가혹한 처벌은 금지합니다.

4. 티베트는 풍부한 천연자원을 가진 나라지만 다른 나라들처럼 과학적으로 발전하지 않았습니다. 우리는 작고, 종교적이며, 독립적인 국가입니다. 세계의 나머지 국가들과 같은 수준을 유지하기 위해 우리는 우리나라를 방어해야 합니다. 과거 외침을 겪은 경험으로 볼 때, 우리는 또 어려움에 직면할 수도 있지만 극복해내야 합니다. 조국의 독립을 수호하고 유지하기 위해, 모든 국민이 자발적으로 열심히 노력해야 합니다. 국경 근처에 거주하는 백성들은 경계를 늦추지 말고 의심스러운 상황이 발생하면 특별 전령을 보내 정부에 알려야 합니다. 우리 백성들은 사소한 일로 두 나라 사이에 큰 충돌을 일으켜서는 안 됩니다.

5. 티베트는 인구에 비해 광활한 땅입니다. 일부 지방 관리와 토지 소유자들은 자신은 개발하지 않으면서 다른 사람들이 빈 땅을 개간하는 것을 질투하며 방해합니다. 그런 사람들은 국가와 우리 발전의 적입니다. 이제부터는 누구도, 사용할 수 있는 빈 땅을 경작하려는 사람을 방해할 수 없습니다. 3년간은 토지세를 징수하지 않을

것입니다. 그 후에는 경작자가 임대료에 비례하여 매년 정부와 지주에게 세금을 납부해야 합니다. 토지는 경작자의 소유가 될 것입니다.

여러분이 제가 여기서 말한 모든 것을 실행한다면 정부와 국민에 대한 의무를 다하는 것입니다. 이 칙서는 티베트의 모든 지역에 게시하고 선포해야 하며, 각 지역의 관청 기록에 사본을 보관해야 합니다.

포탈라궁에서
달라이 라마의 인장

부록 2

티베트의 평화 해방을 위한 조치에 관한 중앙인민정부와 티베트 지방정부 간의 협정문

티베트 민족은 중국 국경 내에서 살고 있는 오랜 역사를 가진 민족 중 하나로, 다른 많은 민족과 마찬가지로 우리의 위대한 조국 창조와 발전 과정에서 영광스러운 소임을 담당해 왔습니다.

그러나 지난 100년 이상 동안 제국주의 세력이 중국을 침략했고, 그 결과 티베트 지역까지 침략하여 온갖 기만과 도발을 자행했습니다. 이전 반동 정부들과 마찬가지로, 국민당 반동 정부도 계속해서 민족들을 억압하고 분열을 조장하는 정책을 시행하여 티베트인들 사이에 분열과 불화를 야기했습니다. 그리고 티베트 지방정부는 제국주의의 기만과 도발에 반대하지 않고 우리 조국에 대해 비애국적인 태도를 취했습니다. 이러한 상황에서 티베트 민족과 국민은 노예화와 고통의 심연으로 빠져들었습니다.

1949년, 중국 인민해방전쟁에서 전국적인 기본 승리가 이루어졌습니다. 모든 민족의 공통된 국내의 적인 국민당 반동 정부는 타도되었고, 모든 민족의 공통된 외국적인 침략적 제국주의 세력은 추방되었습니다. 이를 기반으로 중화인민공화국과 중앙인민정부의 설립이 발표되었습니다.

중국인민정치협상회의에서 통과된 공동강령에 따라, 중앙인민정부는 중화인민공화국 경계 내의 모든 민족이 평등하며, 그들이 단결과 상호 원조를 수립하고 제국주의와 공공의 적에 반대해야 중화인민공화국이 모든 민족으로 구성된 하나의 대가족이 될 수 있음을 선언했습니다. 또한 모든 민족으로 구성된 중화인민공화국의 대가족 내에서, 국가적 소수민족이 집중된 지역에서는 민족지역자치를 시행해야 하며, 소수민족들은 구어와 문자 언어를 발전시키고 관습, 습관, 종교적 신념을 보존하거나 개혁할 자유를 가지며, 중앙인민정부는 모든 소수민족이 정치적, 경제적, 문화적, 교육적 건설 작업을 지원할 것임을 명시했습니다. 그 이후로 티베트와 대만 지역을 제외한 국내의 모든 민족은 해방을 이루었습니다. 중앙인민정부의 통일된 지도와 인민정부 상급 기관의 직접적인 지도 하에, 모든 소수민족이 민족 평등의 권리를 충분히 누리고 있으며, 민족지역자치를 수립했거나 수립 중입니다.

티베트에 있는 침략적 제국주의 세력을 성공적으로 제거하고, 중화인민공화국의 영토와 주권의 통일을 이루며, 국가 방어를 보장하기 위해, 그리고 티베트 민족과 티베트 사람들이 해방되어 중화인민공화국 가족으로 돌아와 국내의 다른 모든 민족과 동등한 민족적 평등의 권리를 누리고 정치적, 경제적, 문화적, 교육적 작업을 발전시킬 수 있도록, 중앙인민정부는 인민해방군에게 티베트 진입을 명령하면서 티베트 지방정부에 티베트의 평화적 해방에 관한 협정을 체결하기 위한 회담을 진행할 대표를 중앙 당국에 파견하도록 통지했습니다.

1951년 4월 말, 티베트 지방정부의 전권 대표들이 베이징에 도착했습니다. 중앙인민정부는 티베트 지방정부의 대표들과 우호적인 기반 위에서 회담을 진행할 전권 대표를 임명했습니다. 이러한 회담 결과로, 양측은 이 협정을 체결하고 그 이행을 보장하기로 합의했습니다.

1. 티베트 사람들은 단결하여 티베트에서 제국주의 침략 세력을 몰아내고, 티베트 사람들은 조국의 대가족인 중화인민공화국으로 돌아와야 합니다.

2. 티베트 지방정부는 인민해방군이 티베트에 진입하여 국가 방어를 강화하는 것을 적극적으로 지원해야 합니다.

3. 중국인민정치협상회의 공동강령에 명시된 민족 정책에 따라, 티베트 사람들은 중앙인민정부의 통일된 지도 하에 민족지역자치를 행사할 권리가 있습니다.

4. 중앙 당국은 티베트의 기존 정치체제를 변경하지 않습니다. 중앙 당국은 또한 달라이 라마의 확립된 지위, 기능, 권력을 변경하지 않습니다. 각급 관리들은 평소대로 직무를 유지할 것입니다.

5. 빤첸 에르디니班禪額爾德尼[42]의 확립된 지위, 기능, 권력은 유지

[42] 달라이 라마는 지난 1995년 당시 6세이던 겐뒨 최끼 니마དགེ་འདུན་ཆོས་ཀྱི་ཉི་མ།를 후계 빤첸 라마로 지정했지만, 당시 중국 정부는 빤첸 라마의 계승 과정에 개입, 11대로 지목된 겐뒨 최끼 니마를 구금하고 부모가 공산당원인 걜첸 노르부རྒྱལ་མཚན་ནོར་བུ།를 빤첸 라마로 직접 임명했습니다. 빤첸 에르디니에서 에르디니는 '존귀한 분'을 뜻하며, 중국에서는 빤첸 라마 대신 빤첸 에르디니로 호칭합니다. 빤첸 에르디니는 중국을 떠나지 않고 정부와 협력하며 현재 베이징 등에서 종교 활동을 계속하고 있습니다.

될 것입니다.

6. 달라이 라마와 빤첸 에르디니의 확립된 지위, 기능, 권력은 제13대 달라이 라마와 제9대 판첸 에르디니가 서로 친밀하고 우호적인 관계에 있을 때의 지위, 기능, 권력을 의미합니다.

7. 중국인민정치협상회의 공동강령에 명시된 종교적 자유 정책을 시행할 것입니다. 티베트 사람들의 종교적 신념, 관습, 습관을 존중하며, 라마와 사원을 보호할 것입니다. 중앙 당국은 사원의 수입에 관여하지 않을 것입니다.

8. 티베트군은 단계적으로 인민해방군으로 재편되어 중화인민공화국 국방군의 일부가 될 것입니다.

9. 티베트 민족의 구어와 문어, 학교 교육은 티베트의 실제 상황에 따라 단계적으로 발전시킬 것입니다.

10. 티베트의 농업, 목축업, 산업, 상업은 티베트의 실제 상황에 따라 단계적으로 발전시키며, 인민의 생활도 단계적으로 개선할 것입니다.

11. 티베트의 다양한 개혁과 관련된 문제에서 중앙 당국은 강제력을 행사하지 않을 것입니다. 티베트 지방정부는 자체적으로 개혁을 시행해야 하며, 인민이 제기한 개혁 요구는 티베트의 지도자들과 협의를 통해 해결할 것입니다.

12. 과거 친제국주의나 친국민당 관리들이 단호하게 제국주의와 국민당의 관계를 단절하고 파괴 활동이나 저항에 관여하지 않는 한, 그들은 과거 이력에 관계없이 직무를 계속할 수 있습니다.

13. 티베트에 진입하는 인민해방군은 위에서 언급한 모든 정책을

준수해야 하며, 모든 매매에서 공정해야 하고, 사람들에게서 바늘 하나 실 한 올도 임의로 가져가서는 안 됩니다.

14. 중앙인민정부는 티베트의 모든 대외 사무를 중앙집권적으로 처리하며, 영토와 주권에 대한 상호 존중의 기초 위에 평등, 상호 이익, 평화 공존의 원칙에 따라 이웃 국가들과 평화적 공존과 공정한 상업과 무역 관계의 발전을 도모할 것입니다.

15. 이 협정의 이행을 보장하기 위해 중앙인민정부는 티베트에 군사행정위원회와 군사지역 본부를 설립하고, 중앙인민정부가 파견한 인원 외에도 가능한 한 많은 현지 티베트 인원을 흡수하여 업무에 참여시킬 것입니다. 군사행정위원회에 참여하는 현지 티베트 인원은 티베트 지방정부, 다양한 지역, 주요 사원의 애국적 인사들을 포함할 수 있습니다. 명단은 중앙인민정부가 지정한 대표와 관련 당사자들 간의 협의 후 작성하여 중앙인민정부에 임명을 위해 제출할 것입니다.

16. 군사행정위원회, 군사지역 본부, 그리고 티베트에 진입하는 인민해방군에 필요한 자금은 중앙인민정부가 부담할 것입니다. 티베트 지방정부는 인민해방군이 식량, 사료, 기타 일상 필수품 구매와 운송을 지원할 것입니다.

17. 이 협정은 서명과 인장이 찍힌 즉시 효력을 발생합니다.

1951년 5월 23일

중앙인민정부와 티베트 지방정부 대표들이 서명함

부록 3

제14대 달라이 라마의 미국 의회 연설,
워싱턴 D.C., 1987년 9월 21일

세계는 점점 더 상호 의존적으로 되었습니다. 지속 가능한 국가적, 지역적, 그리고 세계적 평화는 편협한 이해관계가 아닌 더욱 폭넓은 관점에서 생각할 때만 달성할 수 있습니다. 이 시점에서 강대국과 약소국을 막론하고 우리 모두 각자의 방식으로 이바지하는 것이 중요합니다.

저는 오늘 티베트 국민의 지도자로서, 그리고 사랑과 자비를 바탕으로 한 종교의 원칙에 헌신하는 불교 승려로서 여러분께 말씀드립니다. 무엇보다도 저는 여러분과 다른 모든 이들과 형제자매로서 이 지구를 공유할 운명을 지닌 한 인간으로서 이 자리에 서 있습니다. 세상의 모든 사람이 더 긴밀하게 연결될수록 우리는 과거보다 서로를 더욱 필요로 합니다. 이는 제가 태어난 땅을 포함해 세계 모든 지역에서 공감할 수 있는 사실입니다.

다른 지역과 마찬가지로 현재 아시아에서도 긴장이 고조되고 있습니다. 중동, 동남아시아, 그리고 제 조국 티베트에서는 공개적인 갈등이 지속되고 있습니다. 이러한 문제들은 대부분 이 지역 강대국들 사이에 존재하는 근본적인 긴장관계의 현상입니다. 지역 갈등을 해결하기 위해서는 크고 작은 모든 관련 국가와 민족의 이익을 고려한 접근법이 필요합니다. 직접적으로 관련된 국민의 염원을 고려한 포괄적인 해결책을 마련하지 않는 한, 임시방편이나 단편적인 조치들은 계속 새로운 문제를 불러올 뿐입니다.

티베트 민족은 지역 평화와 세계 평화에 이바지하기를 간절히 원합니다. 또한 그렇게 할 수 있는 독특한 위치에 있다고 믿습니다. 전통적으로 티베트인들은 평화를 사랑하는 비폭력 민족입니다. 천 년 전 불교가 티베트에 전해진 이래로 티베트인들은 모든 생명에 대해 비폭력을 실천해 왔습니다. 이러한 자세는 국제관계에까지 확장되었습니다. 아시아의 심장부에서 대륙의 강대국들 —인도, 중국, 소련—을 나누는 티베트의 전략적인 위치는, 역사적으로 평화와 안정 유지에 필수적인 기능을 부여했습니다. 바로 이런 이유로 과거 아시아의 강대국들은, 다른 나라가 티베트에 개입하지 못하도록 많은 노력을 기울였습니다. 독립적인 완충국가로서 티베트의 가치는 이 지역 안정에 필수적이었습니다.

새로 태어난 중화인민공화국이 1949년부터 시작해 1950년에 본격적으로 티베트를 침공했을 때 새로운 갈등이 시작되었습니다. 1959년 티베트인들이 중국에 맞서 봉기를 일으키고, 제가 인도로 망명한 뒤 중국과 인도 사이의 긴장이 계속 커져서 1962년에는 아예 국경전쟁까지 일어났습니다. 이때 양국 간의 갈등은 더욱 명확하게 드러났으며 오늘날 히말라야 국경 양쪽에는 다시 대규모 군대가 집결해 있고 긴장도 또한 위험할 정도로 높아졌습니다.

물론 진짜 문제는 인도-티베트의 국경이 아닙니다. 중국의 불법적인 티베트 점령으로, 이를 통해 중국은 인도 바로 옆까지 접근하게

된 것입니다. 중국 당국은 티베트가 항상 중국의 일부였다고 주장해 왔습니다. 그러나 이는 사실이 아닙니다. 1950년 인민해방군이 침공할 당시 티베트는 완전한 독립 국가였습니다.

천 년 전 티베트 황제들이 티베트를 통일한 이래 우리나라는 20세기 중반까지도 독립을 유지할 수 있었습니다. 때로는 티베트가 인근 국가와 민족들에게 영향력을 확대하기도 했고 다른 시기에는 몽골 칸, 네팔의 구르카족, 만주 황제들, 인도의 영국인들과 같은 강력한 외국 지배자들의 영향 아래 있기도 했습니다.

물론 역사적으로 보면 어느 한 나라가 다른 나라의 영향이나 간섭을 받는 것은 드문 일이 아닙니다. 이른바 위성국 관계가 가장 명확한 사례이지만, 대부분 강대국들은 상대적으로 약한 동맹국이나 이웃 나라들에 영향력을 행사합니다. 가장 권위 있는 법학 연구들이 보여주듯이, 티베트 또한 다른 나라의 영향에 종종 예속되었다고 해서 독립을 상실한 것은 아니었습니다. 그리고 베이징의 공산주의 군대가 티베트에 진입한 것만 보더라도 티베트가 모든 면에서 독립국가라는 사실에는 의심의 여지가 없습니다.

사실상 자유세계의 모든 국가가 규탄한 중국의 침략은 국제법에 대한 명백한 위반입니다. 중국의 티베트 군사점령이 계속되고 있는 가운데, 티베트인들은 자유를 잃었지만 국제법상 티베트는 여전히 불법 점령하에 있는 독립국가라는 점을 기억해야 합니다.

저는 지금 티베트의 지위에 관한 정치적, 법적 다툼을 하려는 것이 아닙니다. 다만 우리 티베트인들이 고유한 문화, 언어, 종교, 역사를 가진 독특한 민족이라는, 명백하고 논란의 여지없는 사실을 강조하고 싶습니다. 중국의 점령이 없었다면 티베트는 오늘날에도 여전히 아시아의 평화를 유지하고 증진하는 완충국가로서 자연스러운 소임을 수행하고 있을 것입니다.

위짱དབུས་གཙང་།, 캄ཁམས།, 암도ཨ་མདོ།의 세 지역으로 구성된 티베트를 다시 한번 안정과 평화와 조화의 땅으로 만들어 티베트의 소임을 회복하는 것이 저와 티베트 민족의 진심 어린 바람입니다. 훌륭한 불교 전통에 따라, 티베트는 세계 평화를 위해 일하고, 인류의 복지를 위해 노력하며, 우리의 지구 환경을 보호하는 모든 사람을 돕고 환영할 것입니다.

지난 수십 년간 강제 점령 기간 동안 우리 민족에게 가해진 대학살에도 불구하고 저는 항상 중국과 직접적이고 진솔한 대화를 통해 해결책을 찾으려 노력해 왔습니다. 1982년 중국의 지도부가 바뀌고 베이징 정부와 직접 소통하게 되면서, 저는 제 조국과 민족의 미래에 관한 회담을 시작하기 위해 대표들을 베이징에 파견했습니다.

우리는 진심으로 대화에 임했고, 중국의 합리적인 요구도 받아들일 준비가 되어 있었습니다. 중국도 같은 마음으로 임해서 결국 양쪽 모두 원하는 것을 얻을 수 있는 해결책을 찾기를 바랐습니다. 그러나 안타깝게도 중국은 티베트의 너무도 어려운 현실에 대해 설명하는 것을, 비난을 위한 비난으로 받아들이는 듯한 배타적인 태도로 반응해 왔습니다.

더욱 실망스러운 것은, 중국 정부는 진정한 대화의 기회를 악용했습니다. 6백만 티베트 민족이 직면한 시급한 문제들을 다루는 대신, 저의 개인적 지위에 대한 논의로 축소하려 했습니다.

이런 배경에서, 그리고 이번 방문 중에 여러분을 비롯해 많은 분이 보내주신 큰 응원과 격려에 힘입어, 저는 오늘 핵심 문제들을 확실히 정리하고 열린 마음으로 해결 방안의 첫 단계를 제안하고 싶습니다. 이것이 중국을 포함한 모든 이웃과 평화롭게 지내고 협력하는 미래를 만드는 데 이바지하기를 바랍니다.

다음은 평화 계획의 다섯 가지 기본 요소입니다.

1. 티베트 전체를 평화지대로 전환
2. 티베트인들의 민족적 정체성 자체를 위협하는 중국인 이주 정책 포기
3. 티베트 민족의 기본적 인권과 민주적 자유 존중
4. 티베트의 자연환경 복원과 보호, 그리고 핵무기 생산과 핵폐기물 투기를 위한 중국의 티베트 이용 중단
5. 티베트의 미래와 티베트-중국 관계에 대한 본격적인 대화 시작

이 다섯 가지 요소를 더욱 자세히 설명하겠습니다.

첫째,

저는 캄과 암도의 동부 지역을 포함한 티베트 전체를 평화와 비폭력상태를 의미하는 힌디 용어인 아힘사ahiṃsā의 지대로 전환할 것을 제안합니다.

이러한 평화지대의 설립은 평화롭고 중립적인 불교 국가이자 대륙의 강대국들을 분리하는 완충국가로서 티베트의 역사적 소임에 부합합니다. 또한 네팔을 평화지대로 선포하자는 네팔의 제안과 그러한 선포에 대해 중국이 선언한 내용에도 부합합니다. 네팔이 제안한 평화지대에 티베트와 인근 지역들을 포함한다면 훨씬 더 긍정적인 영향을 미칠 수 있습니다.

티베트에서 평화지대 설립은 중국군과 군사시설의 철수를 의미합니다. 그러면 인도도 티베트와 맞닿은 히말라야 지역에서 군대와 군사시설을 철수할 것입니다. 이런 일은 중국의 합리적인 안보 요구에 충족하고 티베트, 인도, 중국과 주변 민족들 사이에 신뢰를 쌓는 국제협정을 통해 이룰 수 있습니다. 이렇게 되면 갈등이 있는 히말라야 국경에 많은 군대를 배치하는 데 드는 막대한 비용을 줄이면서도 오히려 안보는 더 강화할 수 있습니다. 이는 모든 나라, 특히 중국과 인도에게 가장 유리한 일입니다.

역사적으로 중국과 인도 간의 관계는 결코 나쁘지 않았습니다. 중국군이 티베트로 진군하여 처음으로 공통 국경을 만들면서 비로소 이 두 강대국 간에 긴장이 발생했고 이는 1962년 전쟁으로 이어졌습니다. 그 이후 수많은 대치와 상호 비방이 계속 발생했습니다. 중국과 인도, 이 두 거대한 나라가 다시 친해지려면 역사상 항상 그래온 것처럼 그 사이에 큰 완충지역이 있는 것이 큰 도움이 될 것입니다.

티베트 민족과 중국인들 간의 관계를 개선하기 위한 첫 번째 요구사항은 신뢰의 창조입니다.

지난 수십 년 동안 벌어진 학살로 티베트 인구의 6분의 1인 백만 명 이상이 목숨을 잃었습니다. 또한 적어도 그만큼 많은 사람들이, 종교를 믿고 자유를 원한다는 이유로 감옥과 수용소에서 고통을 당했습니다. 이런 상황에서는 중국군이 철수해야만 진정한 화해가 시작될 수 있습니다.

티베트에 있는 수많은 중국군은 티베트인들에게 자신들이 당한 억압과 고통을 매일 떠올리게 만듭니다. 군대가 철수하는 것은 앞으로 중국인들과 진정한 우정과 신뢰 관계를 만들 수 있다는 중요한 신호가 될 것입니다.

둘째,

베이징 정부가 티베트 문제에 대한 '최종 해결책'을 강요하기 위해 추진하는, 즉 티베트인들을 티베트 내에서 권리를 박탈당한 무의미한 소수로 만들기 위해 추진하는 중국인들의 티베트 이주 정책은 중단해야 합니다.

제4차 제네바 협약(1949)을 위반한, 중국인의 티베트 대규모 이주는 독특한 민족으로서 티베트인의 존재 자체를 위협합니다. 우리나라 동부 지역에서는 이제 티베트인보다 중국인이 훨씬 많습니다. 중국 통계에 따르면 제가 태어난 암도 지역만 하더라도 중국인이 250만 명, 티베트인은 75만 명에 불과합니다. 또한 중국에서 상대적으로 거리가 먼 중부와 서부 티베트에서까지 중국인이 티베트인보다 많음을 확인할 수 있습니다.

중국의 이주 정책은 새로운 뉴스가 아닙니다. 이전에 다른 지역에서도 체계적으로 적용해 온 정책입니다. 20세기 초만 해도 만주족은 고유한 문화와 전통을 가진 독특한 민족이었습니다. 오늘날 만주에는 7천5백만 중국인이 정착했고, 현지 만주족은 2백만에서 3백만 명 정도만 남아 있습니다. 중국이 현재 신장이라고 부르는 동투르키스탄에서는 중국인 인구가 1949년만 해도 20만 명에 불과했으나 지금은 7백만 명으로 증가하여 그 지역 전체 인구 1천3백만 명의 절반 이상을 차지합니다. 중국의 내몽골 식민지화 결과로 중국인은 850만 명, 몽골족은 250만 명이 되었습니다.

오늘날 티베트 전체에는 이미 750만 중국인 정착민이 들어와 6백만 티베트 인구를 앞질렀습니다. 현재 '티베트 자치구'라고 부르는 중부와 서부 티베트에서, 190만 티베트인들은 이제 이 지역 인구의 소수에 불과합니다. 이 수치들은 티베트 추정 30만에서 50만 중국군의 인구는 포함하지 않은 것입니다. 그중 25만 명은 소위 티베트 자치구에 있습니다.

티베트인들이 한 민족으로 생존하기 위해서는, 중국인 이주를 중단하고 정착민들은 중국으로 돌아가야 합니다. 그렇지 않으면 티베트인들은 곧 관광지의 구경거리나 역사의 흔적 정도로만 남을 것입니다.

셋째,

기본적 인권과 민주적 자유를 티베트에서 존중해야 합니다. 티베트 민족은 다시 한번 문화적, 지적, 경제적, 정신적으로 발전하고 기본적인 민주적 자유를 행사할 자유를 가져야 합니다.

티베트에서 인권 침해는 세계에서 가장 심각한 수준입니다. 중국이 '분리와 동화'라고 부르는 '아파르트헤이트' 정책하에서 차별을 실행하고 있습니다. 티베트인들은 기껏해야 자신들의 나라에서 2등 시민입니다. 모든 기본적 민주적 권리와 자유를 박탈당했습니다. 그들은 공산당과 군대, 중국 관리들이 모든 실권을 휘두르는 식민지 행정에 억눌려 존재합니다.

티베트인들로 하여금 일부 불교 사원을 재건하고 그곳에서 법회를 허용하지만 여전히 진지한 종교 연구와 교육은 금지하고 있습니다. 공산당은 소수 사람만이 사원에 들어가는 것을 허용합니다.

1963년 제가 공포한 헌법 아래에서나마 망명지의 티베트인들이 민주적 권리를 행사하는 동안, 수천 명 우리 동포들은 종교적 또는 정치적 신념 때문에 티베트의 감옥과 노동수용소에서 고통받고 있습니다.

넷째,

티베트의 자연환경을 복원하기 위해 진지하게 노력해야 합니다. 아름다운 티베트 땅을 핵무기 생산과 핵폐기물 투기에 사용해서는 안 됩니다.

티베트인들은 모든 형태의 생명에 대해 큰 경외심을 가지고 있습니다. 이러한 타고난 연민심은 인간이든 동물이든 모든 감각 있는 존재를 해치는 것을 금지하는 불교 신앙에 근거합니다. 중국의 침공 이전에 티베트는 독특한 자연환경에서 훼손되지 않은 야생의 성역이었습니다. 슬프게도 지난 수십 년간 티베트의 야생동물과 숲을 중국은 거의 완전히 파괴했습니다. 티베트의 아름다운 환경에 미친 영향은 가히 치명적입니다. 티베트에 얼마 남아 있지 않은 자연이라도 보호해야 하고, 환경을 조화로운 상태로 복원하기 위해 노력해야 합니다.

중국은 티베트 땅을 핵무기 생산에 사용하고 티베트에 핵폐기물 투기도 시작했을 수 있습니다. 중국은 자국의 핵폐기물뿐만 아니라 이미 베이징에 독성 물질 처리 비용을 지불하기로 합의한 다른 나라들의 핵폐기물까지도 처리할 계획을 가지고 있습니다. 위험은 명백합니다. 지금 세대뿐만 아니라 미래 세대까지도 티베트의 독특하고 섬세한 환경을 중국은 잔인하게 위협하고 있습니다.

다섯째,

티베트의 앞으로 지위와 티베트인-중국인 관계에 대한 대화를 본격적으로 시작해야 합니다.

우리는 이 문제를 현실적이고 합리적으로 접근하고 싶습니다. 진실하게 화해하려는 마음으로, 그리고 티베트인과 중국인을 비롯한 모든 관련된 민족들에게 장기적으로 도움이 되는 해결책을 찾으려고 합니다.

티베트인과 중국인은 각각 다른 나라, 역사, 문화, 언어, 생활방식을 가진 서로 다른 민족입니다. 이런 차이점들을 인정하고 존중해야 합니다. 이런 차이가 있다고 해서 양쪽에게 모두 도움이 되는 진정한 협력을 할 수 없는 것은 아닙니다. 관련자들이 만나서 열린 마음으로, 그리고 정말로 공정한 해결책을 찾고 싶다는 진실한 마음으로 미래를 이야기하면 반드시 좋은 결과를 얻을 수 있다고 저는 진심으로 믿습니다. 우리는 모두 합리적이고 현명하게 행동하고, 솔직하고 서로 이해하려는 마음으로 만나야 합니다.

이제 개인적인 말로 마무리하겠습니다. 여러분을 포함한 많은 나라의 사람들이 전 세계 억압받는 사람들의 어려운 상황에 관심을 갖고 지지해 주신 것에 감사드립니다. 여러분이 우리 티베트인들을 공개적으로 도와주신 것만으로도 이미 티베트에 있는 우리 민족의 삶에 좋은 영향을 주었습니다. 우리나라 역사에서 이렇게 중요한 시기에 여러분의 지속적인 지지를 부탁드립니다.

부록 4

제14대 달라이 라마의 유럽 의회 스트라스부르 연설,
1988년 6월 15일

오늘날 우리는 서로 각별하게 의존하는 세계에 살고 있습니다. 한 나라의 문제를 그 나라 혼자서는 해결할 수 없습니다. 모든 나라가 책임감을 갖지 않으면 우리의 생존 자체가 위험해집니다. 그래서 저는 항상 세계 여러 나라들이 서로 더 잘 이해하고, 더 긴밀하게 협력하며, 더 존중해야 한다고 믿어왔습니다.

유럽 의회는 정말 감동적인 예입니다. 전쟁의 혼란 속에서 한때 적이던 사람들이 한 세대 만에 함께 살고 협력하는 법을 배웠습니다. 그래서 저는 유럽 의회의 이 자리에서 연설하게 되어 특별히 기쁘고 영광스럽게 생각합니다.

아시다시피 제 나라 티베트는 매우 어려운 시기를 겪고 있습니다. 티베트인들, 특히 중국의 지배 아래 살고 있는 사람들은 자유와 정의, 그리고 자신들의 독특한 정체성을 완전하게 지키면서 이웃들과 평화롭게 살 수 있는 자기가 결정하는 미래를 간절히 원합니다.

천 년이 넘는 동안 우리 티베트인들은 우리가 살고 있는 고원 전체에서 아름다운 생명의 균형을 유지하기 위해 영적이고 환경적인 가치를 지켜왔습니다. 부처님의 비폭력과 자비에 관한 가르침에 영감을 받고 자연의 보호를 받으며, 우리는 모든 형태의 생명을 존중하고, 국가의 힘을 키우기 위한 전쟁은 지양하며 살아왔습니다.

우리의 역사는 2천 년 이상 거슬러 올라갑니다. 티베트는 독립의 역사였습니다. 기원전 127년 우리 민족이 나라를 세운 이래 우리 티베트인들은 결코 우리의 주권을 다른 나라에 넘겨준 적이 없습니다. 모든 나라와 마찬가지로 티베트도 몽골, 만주, 중국, 영국, 네팔의 구르카족 등 이웃 나라가 우리에게 영향력을 행사하려고 했던 시기를 경험했습니다. 다행히 이러한 역사는 짧았고 티베트 사람들은 결코 이를 국가의 주권을 잃은 것으로 받아들이지 않았습니다. 사실 티베트 통치자들이 중국과 다른 이웃 나라들의 넓은 지역을 정복했던 때도 있었습니다. 그러나 이것이 우리가 당시 정복한 땅에 대한 권리를 주장할 수 있다는 것을 의미하지는 않습니다.

1949년 중화인민공화국이 티베트를 강제로 침략했습니다. 그 이후로 티베트는 역사상 가장 어두운 시기를 견뎌왔습니다. 점령의 결과로 백만 명 이상 우리 민족이 죽었습니다. 수천 개 사원이 폐허가 되었습니다. 한 세대가 교육, 경제적 기회, 그리고 자신의 민족적 특성에 대한 정체성을 빼앗긴 채 성장했습니다. 현재 중국 지도부가 일부 개혁을 실행하면서 티베트고원으로 대규모 인구 이주도 함께 촉진하고 있습니다. 이 정책은 이미 6백만 티베트인을 소수로 만들었습니다. 모든 티베트인을 대표하여 말씀드리자면, 저는 슬프게도 우리의 비극이 계속되고 있다는 사실을 알려드려야만 합니다.

저는 항상 티베트인들에게 우리의 고통을 해결하기 위한 노력으로 폭력을 이용하지 말 것을 당부해 왔습니다. 그러나 저는 누구든지 부당함에 대해서는 평화적으로 항의할 도덕적 권리가 있다고 믿습니다. 불행하게도 티베트에서 일어나는 시위를 중국 경찰과 군대는 폭력으로 진압했습니다.

저는 계속해서 비폭력을 권합니다. 하지만 중국이 현재의 가혹한 정책을 바꾸지 않는다면 티베트인들이 더 강하게 저항하게 되더라도 그것은 어쩔 수 없는 일입니다.

모든 티베트인은 우리나라가 완전히 독립하고 완전히 회복되기를 바라고 기도합니다. 수천 명 우리 국민이 이 투쟁에 목숨을 바쳤고 우리 민족 전체가 이 투쟁으로 고통을 겪었습니다. 최근 몇 달 동안에도 티베트인들은 이 소망을 위해 처절하게 목숨을 바쳤습니다. 반면 중국은 티베트 사람들의 열망을 완전히 인정하지 못하고 잔혹한 탄압 정책만 계속하고 있습니다.

저는 오랫동안 우리나라의 어려운 상황에 대해 어떻게 현실적으로 원만히 해결할 수 있을지 생각해 왔습니다. 티베트 내각과 저는, 많은 관련자의 의견을 구했습니다. 그 결과 1987년 9월 21일, 워싱턴 디씨D.C.의 의회 인권 위원회에서 저는 티베트를 위한 5개항의 평화 계획을 발표했습니다. 그 계획을 통해 저는 티베트를 인류와 자연이 조화롭게 공존할 수 있는 평화 지대, 성역으로 바꿀 것을 요청했습니다. 또한 인권과 민주적 이상에 대한 존중, 환경 보호, 그리고 중국의 인구 이주 중단을 요청했습니다.

평화 계획의 다섯 번째 항목은 티베트인과 중국인 사이의 진지한 협상입니다. 따라서 우리가 먼저 나서서 티베트 문제 해결을 위한 몇 가지 방안을 준비하기로 했습니다. 저는 이 기회를 통해 여기 모인 여러분에게 이 방안의 주요 내용을 알려드리고 싶습니다.

촐카쑴ཆོལ་ཁ་གསུམ།으로 알려진 위짱, 캄, 암도, 이렇게 티베트의 세 지역은 중화인민공화국과 연합하여 법에 기초한 자치 민주적 정치 단위가 되어야 합니다. 이것은 모든 사람이 협동하여 함께 잘살고, 자신들과 환경을 보호하기 위함입니다.

중국 정부는 티베트의 외교를 계속 담당할 수 있습니다. 그러나 티베트는 종교, 무역, 교육, 문화, 관광, 과학, 스포츠 같은 정치와 관계없는 일들은 자체 외무부를 통해 다른 나라들과 직접 교류하며 관련 국제기구에도 가입할 수 있어야 합니다.

티베트 정부는 기본 헌법에 따라 운영해야 합니다. 그리고 기본법은 경제적 평등, 사회 정의, 환경 보호를 보장하는 임무를 맡은 민주 정부 시스템을 제공해야 합니다. 이것은 티베트 정부가 티베트와 티베트인에 관한 모든 문제를 결정할 권리를 갖는다는 것을 의미합니다.

개인의 자유는 사회 발전의 실제 원천이자 잠재력입니다. 티베트 정부는 언론, 집회, 종교의 자유를 포함한 세계인권선언을 지킴으로써 이 자유를 보장할 것입니다. 종교는 티베트의 국가 정체성의 원천을 이루고, 영적 가치는 티베트의 풍부한 문화의 핵심에 있기 때문에, 종교 참여와 실천을 보호하고 발전시키는 것은 티베트 정부의 특별한 의무입니다.

정부는 국민이 선출한 행정 수장, 양원제 국회, 그리고 독립적인 사법 시스템으로 구성해야 합니다. 정부의 소재지는 티베트의 수도 라싸여야 합니다.

티베트의 사회와 경제 제도는 티베트 사람들이 원하는 대로 결정해야 하며 특히 모든 티베트인의 삶의 질을 높이는 것을 중요하게 고려해야 합니다.

티베트 정부는 야생동물과 식물을 보호하기 위한 엄격한 법률을 만들 것입니다. 천연자원의 개발은 최대한 규제할 것입니다. 핵무기의 제조, 실험, 저장이나 무기류뿐만 아니라 위험한 폐기물을 생산하는 핵발전소와 기타 기술의 사용을 금지해야 합니다. 티베트 정부의 목표는 티베트를 지구에서 가장 큰 자연 보호구역으로 바꾸는 것입니다.

티베트를 진정한 평화지역으로 만들기 위해 주변 나라들이 함께 참여하는 평화 회의를 열어야 합니다. 그런 회의를 열고 모든 무기를 제거하며 중립이 될 때까지는 중국은 티베트에 최소한의 군사시설을 둘 수 있습니다. 하지만 이는 오직 방어용이어야 합니다.

성공적인 협상을 위한 신뢰 관계를 만들기 위해서는, 중국이 티베트에서 인권 침해를 중단하고 중국인들의 티베트 이주 정책을 포기해야 합니다.

이것이 우리의 생각입니다. 저는 많은 티베트인들이 이런 온건한 입장에 실망하리라는 것을 압니다. 당연히 앞으로 몇 달 동안은 티베트 안팎의 모든 공동체 내에서 많은 논의가 있을 것입니다. 그러나 이것은 변화의 과정에서 꼭 필요하고 중요한 부분입니다. 저는 이러한 생각들이 중국의 이익을 수용하면서 티베트의 독특한 정체성을 다시 세우고 티베트 사람들이 기본적 권리를 회복하는 가장 현실적인 방법이라고 생각합니다. 그러나 강조하고 싶은 것은, 중국과 협상 결과가 어떻든 티베트 사람들 자신이 최종적인 결정 권한을 가져야 한다는 것입니다. 그 후에는 전체 투표로 티베트 사람들의 뜻을 확인하는 완전한 절차를 거칠 것입니다.

저는 이 기회를 통해 티베트 정부에서 어떤 적극적인 자리도 맡고 싶지 않다는 뜻을 밝힙니다. 그런데도 꼭 필요하다면 저는 티베트 사람들의 복지와 행복을 위해 최선을 다해 계속 일하겠습니다.

우리는 이 제안을 중화인민공화국 정부에 제출할 준비가 되어 있습니다. 또한 티베트 정부를 대표하는 협상팀도 선정했습니다. 공정한 해결을 위한 이러한 제안의 세부 사항을 논의하기 위해 중국과 만날 준비가 되어 있습니다.

지미 카터Jimmy Carter 전 미국 대통령을 포함한 점점 더 많은 정부와 정치 지도자들이 티베트의 상황에 관심을 보이는 것에 우리는 용기를 얻고 있습니다. 또한 더 실용적이고 자유주의적인 새로운 지도부를 만들어낸 중국의 최근 변화에도 용기를 얻고 있습니다.

중국 정부와 지도부가 제가 설명한 계획을, 진지하고 현실적으로 고려할 것을 요청합니다. 오직 대화와 티베트의 현실을 정직하고 명확하게 바라볼 의지만이 실행할 수 있는 해결책입니다. 우리는 인류의 더 큰 이익을 염두에 두고 중국 정부와 논의하기를 원합니다. 따라서 우리의 제안은 화해로 이루어질 것이며, 중국이 이에 응답하기를 바랍니다.

제 나라의 독특한 역사와 깊은 영적 유산은 아시아 중심부에 평화의 성역 노릇을 수행하는 데 이상적으로 적합합니다. 전체 대륙의 안정에 이바지하는 중립적 완충국으로서 역사적 지위는 회복될 수 있을 것입니다. 아시아뿐만 아니라 전 세계의 평화와 안보도 향상될 수 있습니다. 미래에는 티베트가 더는 힘으로 억압받거나 비생산적이며 고통으로 상처받는 땅이 되지 않을 것입니다. 인류와 자연이 조화롭게 균형을 이루는 자유로운 낙원이 되고 전 세계 많은 지역의 고통과 긴장을 평화적으로 해결하기 위한 창의적인 모델이 될 수 있습니다.

중국 지도부는 강제 점령한 땅에 대한 식민 지배가 오늘날의 시대정신에 맞지 않음을 깨달아야 합니다. 진정한 연대나 연합은 모든 관련 당사자에게 만족스러운 혜택이 있을 때만 가능합니다. 유럽 공동체는 이것의 명확한 예입니다. 반면 신뢰나 서로 간에 이익 없이 힘을 주요 통치 수단으로 사용한다면 통일된 한 나라나 공동체라 하더라도 그때는 둘 이상의 실체로 분리될 수 있습니다.

존경하는 유럽 의회 의원 여러분, 그리고 여러분을 통해 각 나라의 국민에게도 특별한 호소를 드리며 연설을 마치고자 합니다. 티베트의 노력에 더욱 큰 지지를 보내주기 바랍니다. 우리가 제안하는 틀 내에서 티베트 문제의 해결은 티베트인과 중국인 모두에게 이익일 뿐만 아니라 지역과 전 세계의 평화와 안정에도 이바지할 것입니다. 여러분께 제 생각을 나누는 기회를 제공해 주셔서 감사합니다.

부록 5

제14대 달라이 라마의 환생에 관한 성명,
2011년 9월 24일

서문

티베트 안팎의 동포 여러분, 티베트 불교 전통을 따르는 모든 분, 그리고 티베트와 티베트인들과 관련된 모든 분께 말씀드립니다.

우리의 옛 왕들과 장관들, 학자이자 성인들의 지혜로운 예견 덕분에, 부처님의 완전한 가르침이 설산의 나라인 티베트에 널리 퍼졌습니다. 이 가르침에는 세 가지 수레[43]와 네 종류의 밀교[44] 그리고 관

---

[43] 수레乘, yana는 타는 것, 즉 깨달음에 이르는 수행의 길을 의미합니다.
1. 소승小乘, Hinayana- 개인의 해탈을 목표로 하는 길이며 주로 아라한 과위를 추구하고 자신의 고통에서 벗어나는 것에 집중합니다.
2. 대승大乘, Mahayana- 모든 중생의 구원을 목표로 하는 보디사뜨바Bodhisattva의 길이며 자신과 모든 중생의 깨달음을 추구합니다.
3. 금강승金剛乘, Vajrayana- 밀교적 수행을 통한 빠른 깨달음의 길이며, 티베트 불교의 핵심이자 특별한 의식과 수행법이 있습니다.

[44] 밀교는 비밀스러운 가르침으로, 네 종류로 나뉩니다.
1. 끄리야 딴뜨라Kriya Tantra- 행동 밀교로서 외적 정화와 의식에 중점을 두며 비교적 기초적인 단계입니다.
2. 짜리야 딴뜨라Charya Tantra- 실행 밀교로서 외적 행동과 내적 요가의 균형을 중요시합니다.
3. 요가 딴뜨라Yoga Tantra- 요가 밀교로서 내적 명상과 요가 수행에 집중

련된 주제와 학문이 포함되어 있습니다. 티베트는 불교와 관련된 문화와 전통의 원천지로서 특히 중국, 티베트, 몽골을 포함한 아시아의 수많은 사람들의 행복에 크게 이바지했습니다.

티베트 사람들은 불교를 지켜오면서 독특한 전통을 만들었습니다. 위대한 스승이 입적하면, 다시 태어난 아이를 찾아내는 방법입니다. 이 방법은 불교의 가르침과 모든 사람에게 큰 도움이 되고 특히 승려들에게 더욱 도움이 되었습니다.

15세기에 뛰어난 스승 겐뒨 갸초དགེ་འདུན་རྒྱ་མཚོ།가 겐뒨 둡དགེ་འདུན་གྲུབ།의 환생으로 인정되었습니다. 이때 가덴 포당 라당དགའ་ལྡན་ཕོ་བྲང་བླ་བྲང་།(달라이 라마 기관)을 설립했고, 이후 연속적인 환생을 인정해 왔습니다.

계보에서 세 번째 쐬남 갸초བསོད་ནམས་རྒྱ་མཚོ།는 '달라이 라마'라는 칭호를 받았습니다. 5대 달라이 라마 응악왕 롭상 갸초ངག་དབང་བློ་བཟང་རྒྱ་མཚོ།는 1642년에 가덴 포당 정부를 설립하여 티베트의 영적, 정치적 지도자가 되었습니다. 겐뒨 둡 이후 600년 이상 동안, 달라이 라마 계보에서 환생자들을 분명하게 인정해 왔습니다.

역대 달라이 라마들은 1642년 이래 369년 동안 티베트의 정치적, 영적 지도자 구실을 했습니다. 그러나 저는 자발적으로 이 소임을 끝냈습니다. 대신 세계의 다른 곳에서 번영하고 있는 민주적 정부 시스템을 추구할 수 있다는 것에 자부심과 만족감을 느낍니다.

실제로 1969년부터 저는 달라이 라마의 환생이 앞으로도 계속되

합니다.

4. 아누따라 요가 딴뜨라Anuttara Yoga Tantra- 무상 요가 밀교로서 가장 높은 단계의 밀교이자 가장 빠른 깨달음의 방법입니다.

어야 하는지에 대한 여부는 관련된 사람들이 결정해야 한다고 분명히 밝혔습니다. 그러나 명확한 지침이 없는 상황에서 관련 사람들이 달라이 라마 제도가 계속되기를 강하게 원한다면, 이해관계가 있는 정치세력이 자신들의 정치적 목적을 달성하기 위해 환생 시스템을 악용할 위험이 있습니다.

따라서 제가 육체적으로나 정신적으로 건강하게 지낼 수 있을 때, 다음 달라이 라마를 위한 명확한 지침을 마련하여 악용의 여지가 없도록 하는 것이 중요할 것 같습니다. 이러한 지침을 여러분도 온전히 이해할 수 있도록, 화신을 일컫는 뙬꾸 인식 시스템과 그 배경에 있는 기본 개념을 아는 것이 필수적이라 생각합니다. 따라서 간단하게 설명하겠습니다.

과거와 미래의 삶

환생이나 뙬꾸의 개념을 이해하기 위해서는, 우리는 과거와 미래의 삶이 존재한다는 사실을 먼저 받아들일 필요가 있습니다. 중생은 이전 삶에서 현재의 삶으로 오고 죽은 후에 다시 태어납니다. 이러한 지속적인 환생은 물질주의 운동이었던 짜르바까[45]를 제외하고,

---

[45] 짜르바까Charvaka는 고대 인도의 유물론적 철학 학파입니다. 이들은 오직 물질만이 실재한다고 믿었으며, 영혼이나 정신의 존재를 부정했습니다. 따라서 사람이 죽으면 완전히 끝이라고 보았고, 환생이나 내세의 개념을 거부했습니다. 내세나 업보가 없다고 믿었기 때문에 현재의 쾌락을 추구하는 것

고대 인도의 모든 영성과 철학 학파에서 인정했습니다.

현대의 일부 사상가들도, 눈으로 볼 수 없다는 이유로 과거와 미래의 삶을 부정합니다. 그러나 다른 이들은 눈으로 볼 수 없다고 해서 반드시 없는 것은 아니라고 생각합니다.

여러 종교가 환생을 받아들이지만, 구체적인 내용에 대해서는 견해가 다릅니다. 무엇이 환생하는지, 어떻게 환생하는지, 두 삶 사이의 전환 기간을 어떻게 통과하는지에 대해서도 차이가 있습니다. 어떤 종교에서는 죽은 후 중간 단계를 거쳐 다음 생으로 간다고 하고, 다른 종교에서는 바로 다음 생으로 이어진다고 봅니다. 또한 일부 종교에서는, 다음 생은 인정하지만, 전생은 인정하지 않기도 합니다.

일반적으로 불교도들은 태어남에 시작이 없으며, 우리의 업과 여러 고통스러운 감정을 극복함으로써 윤회에서 해탈하면, 다시는 이러한 고통 속에 태어나지 않는다고 믿습니다. 따라서 불교도들은 번뇌와 업으로 인한 윤회를 끝낼 수 있다고 믿지만, 대부분의 불교 철학 학파는 심상속心相續 즉 마음의 연속이 완전히 끝날 수 있다는 것은 받아들이지 않습니다.

전생과 환생을 부정하는 것은 불교의 기본 가르침과 맞지 않습니

이 합리적이라고 생각했으며, 종교적 의례나 수행은 무의미하다고 여겼습니다. 인도 철학사에서 유일한 완전한 유물론 학파로서 힌두교, 불교, 자이나교 등 다른 모든 인도 철학 전통들과 대립했습니다. 달라이 라마 성하께서 언급한 것처럼, 짜르바까만이 환생을 부정했고 다른 모든 인도 철학 전통들은 환생을 받아들였습니다.

다. 불교에서는 '기초, 길, 결과'[46]라는 개념이 있는데, 이는 마음이 훈련되었는지 안 되었는지에 따라 설명합니다. 만약 환생이 없다고 한다면, 논리적으로 보더라도 이 세상과 모든 생명체가 아무런 원인도 없이 갑자기 생겨났다고 말하는 것과 같습니다. 하지만 이는 말이 되지 않습니다.

전생을 기억하는 사람들에게 환생은 부정할 수 없는 경험입니다. 그러나 대부분의 일반적인 존재들은 죽음, 중간 상태, 환생의 과정을 거치면서 전생을 잊어버립니다. 일반 사람들은 전생을 기억하지 못하기 때문에 환생은 매우 모호한 개념입니다. 따라서 우리는 그들을 이해시키기 위해 환생이 실제로 존재한다는 것을 증거에 기반한 논리로 설명할 필요가 있습니다.

부처님의 말씀과 이후의 주석서를 보면 전생과 내세를 증명하기 위한 많은 다양한 논리적 주장이 있는데 이것은 네 가지로 요약할 수 있습니다.

1. 현상은 비슷한 종류의 현상에서 나온다는 논리
2. 현상에는 실질적인 원인이 있다는 논리
3. 마음이 과거의 현상에 익숙해져 있다는 논리
4. 과거에 다양한 현상을 경험했다는 논리

[46] 원문의 '기초, 길, 결과'는 티베트어 실람데부གཞི་ལམ་འབྲས་བུ།를 번역한 것으로 주로 티베트 불교의 설명 방식입니다.

결국 이 모든 논리가 말하고자 하는 핵심은 간단합니다. 마음의 본질인 '알아차림'과 '깨달음'은 반드시 이전의 '알아차림'과 '깨달음'에서 나와야 한다는 것입니다. 돌이나 나무 같은 생명이 없는 것들은 마음을 만들어낼 수 없습니다. 이는 자명한 일입니다.

논리적으로 생각해 보면, 마음이 아무런 원인 없이 갑자기 생겨나거나 마음과 전혀 관계없는 것에서 나타날 수는 없습니다. 과학자들이라고 하더라도 실험실에서 마음을 만들어낼 수 없습니다. 동시에 우리 마음의 미묘한 흐름을 완전히 없애 버릴 수 있는 것은 아무것도 없습니다.

제가 아는 한 어떤 현대 심리학자, 물리학자, 또는 신경과학자도 마음이 물질에서나 원인 없이 만들어지는 것을 관찰하거나 예측할 수 없었습니다.

직전 전생뿐만 아니라 많은 전생을 기억하고, 그러한 생의 장소와 가까웠던 사람을 인식할 수 있는 사람들이 있습니다. 이것은 단지 과거에 일어났던 일만이 아닙니다. 동서양 곳곳에서 그들의 전생의 사건과 경험을 회상할 수 있는 사람들이 많습니다. 이를 부정하는 것은 올바른 연구 자세가 아닙니다. 실제로 일어나고 있는 일들을 외면하는 것은 공정하지 않기 때문입니다. 티베트에서 환생자를 찾는 작업은 사람들이 전생을 기억하는 것을 바탕으로 하는 정확한 조사 과정입니다.

환생은 어떻게 일어나는가

죽음 후에 다시 태어나는 방법에는 두 가지가 있습니다. 하나는 업과 부정적인 감정에 이끌려 태어나는 것이고, 다른 하나는 자비와 기도의 힘으로 태어나는 것입니다.

1. 업과 부정적인 감정과 연결된 환생

첫 번째를 보면, 무지 때문에 좋은 업과 나쁜 업이 만들어지고 그 흔적이 의식에 남아 있게 됩니다. 이런 흔적들이 갈망과 집착을 통해 다시 활성화해 우리를 다음 생으로 밀어냅니다. 그래서 우리는 자기 의지와 상관없이 더 좋은 곳이나 나쁜 곳에 태어납니다. 이것이 바로 일반적인 존재들이 바퀴가 돌듯이 끊임없이 윤회하는 방식입니다.

그런 상황에서도 일반 사람들은 일상생활에서 좋은 마음으로 선한 일을 열심히 할 수 있습니다. 이렇게 선한 것에 익숙해지면 죽을 때 그것이 다시 작동해서 더 좋은 곳에 태어나는 기회를 만들어줍니다.

2. 자비와 기도의 힘을 통한 환생

반면, 견도를 성취한 뛰어난 보살들은 자신의 업이나 나쁜 감정의 힘으로 태어나는 것이 아닙니다. 중생들에 대한 자비심과 다른 이들을 이롭게 하려는 기도의 힘으로 태어납니다. 이들은 언제 어디서 태어날지, 그리고 누구를 부모로 할까도 스스로 선택할 수 있습니다. 이런 환생은 오직 다른 이들을 위한 것으로, 자비와 기도의 힘을 통한 환생입니다.

뛸꾸의 의미

'뛸꾸'라는 칭호를 환생자를 인식하는 데 사용한 티베트 관습은 불자들이 이를 존경의 표현으로 사용하면서 시작되었지만 이제는 일반적인 표현입니다.

일반적으로 뛸꾸라는 용어는 쑤뜨라 전통에서 설명하는 세 가지나 네 가지 부처의 특별한 모습 중 하나를 가리킵니다. 이런 부처의 모습에 대한 설명에 따르면, 파괴적인 감정과 업에 완전히 묶여 있는 사람도 깨달음을 얻을 잠재력을 가지고 있습니다. 깨달음은 지혜의 깨달음인 '반야'와 본성의 깨달음인 '법성'으로 구성됩니다.

'반야'는 모든 것을 있는 그대로 직접적이고 정확하게, 순간적으로 보는 부처의 깨달은 마음을 말합니다. 이는 오랜 기간에 걸쳐 공덕과 지혜를 쌓아서 모든 파괴적 감정과 그 흔적에서 완전히 정화된 것입니다. '법성'은 모든 것을 아는 그 깨달은 마음의 공한 본성을 가리킵니다. 이 둘을 합쳐서 부처 자신을 위한 모습이라고 합니다.

하지만 이런 모습들은 부처끼리만 접근할 수 있고 다른 존재들은 직접 볼 수 없으므로, 부처들이 중생을 돕기 위해서는 중생이 접근할 수 있는 물리적 형태로 나타나는 것이 필요합니다.

그래서 부처님이 실제 모습으로 나타나는 가장 높은 형태는 보신報身입니다. 이는 수준 높은 보살들만 볼 수 있으며, 특별한 천국에 살면서 다섯 가지 완벽한 조건을 갖추고 있습니다.[47]

그리고 이 보신에서 수많은 화신化身이 나타나는데 이들은 신이나 사람의 모습을 하고 있어서 일반 사람들도 만날 수 있습니다. 이 두 가지 부처님의 실제 모습을 색신色身이라고 하며, 이는 다른 존재들을 돕기 위한 것입니다.

화신은 세 종류로 나뉩니다.

1. 석가모니부처 같은 최고 화신으로, 자신이 선택한 곳에 태어나는 등 부처가 해야 할 열두 가지 행위를 모두 보여주었습니다.

---

[47] 첫째, 가장 높고 순수한 천국인 아까니시타Akanishtha에 거주합니다. 아까니시타는 불교의 우주관에서 물질세계의 최고 경지로, 색계의 최상층에 위치한 천국입니다. 이곳은 일체 번뇌와 괴로움이 완전히 사라진 순수한 영역으로, 오직 가장 높은 선정에 든 존재만이 거할 수 있는 곳입니다. 둘째, 32상 80종호를 갖춘 황금빛으로 빛나는 완벽한 몸을 가지고 있습니다. 셋째, 오직 십지보살十地菩薩만이 제자가 될 수 있어서 가장 높은 수준의 수행자로만 둘러싸여 있습니다. 넷째, 최고 수준인 대승법만을 가르치며 낮은 단계의 가르침은 설하지 않습니다. 다섯째, 생멸이 없이 영원히 지속되는 존재입니다.

이런 완벽한 조건들 때문에 보신은 일반 중생들이 직접 만날 수 없고 오직 매우 높은 수준에 도달한 보살만이 접근할 수 있습니다. 일반 사람들은 불완전한 환경에서 살고 불완전한 몸을 가지며 다양한 수준의 사람들과 어울리지만, 보신은 모든 면에서 완벽한 상태로 존재하기 때문입니다. 따라서 보신은 최고 경지에 이른 수행자들을 위한 부처님의 모습입니다.

2. 예술가 등으로 나타나 다른 이들을 섬기는 예술적 화신입니다.
3. 중생을 돕기 위해 인간, 신, 강, 다리, 약용 식물, 나무 등 다양한 형태로 나타나는 화신입니다.

이 세 종류 화신 중에서 티베트에서 뚤꾸로 인정되고 알려진 영적 스승들의 환생은 세 번째 범주에 속합니다. 이런 뚤꾸 중에는 진정으로 자격을 갖춘 부처의 화신인 경우가 많이 있을 수 있지만 모든 뚤꾸가 반드시 그런 것은 아닙니다.

티베트의 뚤꾸들 중에는 뛰어난 보살들의 환생도 있고, 자량도와 가행도에 있는 보살들도 있으며, 아직 이런 보살의 길에 들어가지 않은 스승도 있을 수 있습니다. 따라서 뚤꾸라는 칭호는 환생 라마들이 깨달은 존재들을 닮았거나 깨달은 존재들의 특정한 자질들과 연결되어 있다는 근거로 주어지는 것입니다.

잠양 켄쩨 왕뽀འཇམ་དབྱངས་མཁྱེན་བརྩེའི་དབང་པོ།[48]는 "환생은 선대자가 죽은 후 누군가가 다시 태어나는 것입니다. 화신은 원래의 존재가 죽지 않고도 다른 모습으로 현현하는 경우입니다."라고 설명했습니다.

---

48 잠양 켄쩨 왕뽀འཇམ་དབྱངས་མཁྱེན་བརྩེའི་དབང་པོ།(1820~1892)는 19세기 티베트의 매우 위대한 라마 중 한 명. 티베트 불교의 종파를 초월해 통합하려는 리메རིས་མེད། 운동의 핵심 인물이었습니다. 그는 닝마རྙིང་མ།, 싸꺄ས་སྐྱ།, 까규བཀའ་བརྒྱུད།, 겔룩དགེ་ལུགས། 등 모든 티베트 불교 종파의 가르침을 두루 익히고 전수했으며, 특히 거의 사라져가던 많은 고대 전통을 발굴하고 보존하는 데 크게 공헌했습니다. 뛰어난 학자이자 수행자였을 뿐만 아니라 시인이자 예술가이기도 했으며, 수많은 제자를 길러내어 티베트 불교 전체에 지대한 영향을 미쳤습니다. 현재 티베트 불교의 리메 전통은 그의 정신을 계승한 것으로, 14대 달라이 라마 성하 또한 그의 사상에 많은 영향을 받았습니다.

환생의 인식

누군가의 전생을 알아보는 방법은 석가모니 부처님 당시 때부터 있었습니다. 불교 경전인 비나야 삐따까Vinaya Pitaka, 네 가지 아가마Agama, 자따까Jataka, 현자와 바보의 경전, 백 가지 업의 경전Karmashataka 등에서 다양한 사례를 찾을 수 있습니다. 이 경전들에서 부처님은 업의 원리를 설명하시면서, 전생에서 지은 특정한 업이 현생에서 어떤 결과로 나타나는지에 대한 수많은 이야기를 들려주셨습니다.

부처님 이후 인도의 여러 스승도 자신의 전생을 기억하고 이를 밝힌 경우가 많습니다. 이런 전생에 관한 이야기들은 아주 많이 전해오지만, 환생자를 체계적으로 찾아내 순서를 매겨서 인정하는 시스템은 인도에서는 만들어지지 않았습니다.

티베트의 환생 인식 시스템

티베트에 불교가 들어오기 전부터 토착 종교인 뵌교 전통에서도 전생과 내세를 믿었지만, 불교가 퍼진 이후로는 거의 모든 티베트인이 환생을 믿었습니다. 불교를 수호하는 많은 훌륭한 스승들이 환생한다고 믿고, 스승을 찾아내어 깊은 믿음으로 기도하는 관습이 티베트 전역에 널리 퍼졌습니다.

티베트에서 만들어진 책인 『마니 까붐མ་ཎི་བཀའ་འབུམ།』과 『다섯 가지 까담བཀའ་གདམས། 가르침』 같은 중요한 경전들이 많이 있습니다. 또한

11세기에 티베트에 온 위대한 인도 스승인 디빵까라 아띠샤Dīpaṃkara Atiśa가 전한 까담 제자들의 책과 『보석 화환: 질문에 대한 응답རིན་པོ་ཆེའི་ཕྲེང་བ་ཞུས་ལན།』과 같은 책도 있습니다. 여기서는 관세음보살의 환생 이야기를 들려줍니다.

그러나 스승들의 환생을 공식적으로 인식하는 현재 전통은 13세기 초에 깔마빠 뒤쑴 켄빠ཀརྨ་པ་དུས་གསུམ་མཁྱེན་པ།의 환생으로 그의 예언에 따라 제자들이 깔마빠 빡시ཀརྨ་པ་པཀྵི།를 인식하면서 시작되었습니다. 그 이후로 900년 이상 동안 17명의 깔마빠 화신이 있었습니다.

마찬가지로 15세기에 칸도 최끼 된메མཁའ་འགྲོ་ཆོས་ཀྱི་སྒྲོན་མེ།의 환생으로 뀐가 상모ཀུན་དགའ་བཟང་མོ།를 인식한 이후로 쌈딩 돌제 팍모བསམ་སྡིང་རྡོ་རྗེ་ཕག་མོ། 등 열 명 이상 화신이 있었습니다. 따라서 티베트에서 인식된 뛸꾸들 중에는 승려와 남성과 여성 재가 밀교 수행자 등이 있습니다.

이 환생 인식 시스템은 점차 다른 티베트 불교 전통과 뵌교로도 퍼졌습니다. 오늘날 티베트 불교의 모든 전통인 닝마, 싸꺄, 까규, 겔룩, 그리고 조낭ཇོ་ནང་།과 뵌동བོད་དོང་།에서 인식된 뛸꾸들이 있으며, 이들은 다르마Dharma, 佛法, ཆོས།를 섬깁니다. 또한 이 뛸꾸들 중 일부는 불명예스러운 존재라는 것도 분명합니다.

겐둰 둡དགེ་འདུན་གྲུབ།은 제 쫑카빠རྗེ་ཙོང་ཁ་པ།의 직접적인 제자로, 시가쩨གཞིས་ཀ་རྩེ།에 따실훈뽀བཀྲ་ཤིས་ལྷུན་པོ། 사원을 세우고 그의 학생들을 돌보았습니다. 그는 1474년 84세 나이로 세상을 떴습니다.

처음에는 그의 환생을 찾기 위한 노력이 없었지만, 사람들은 딱낙장སྟག་ནག་སྒང་།에서 태어난 쌍계 최펠སངས་རྒྱས་ཆོས་འཕེལ།이라는 아이를 인정할 수밖에 없었습니다. 왜냐하면 그가 전생에 대해 놀라울 만큼 완벽하게 기억해 냈기 때문입니다.[49] 그 이후로 가덴 포당 라당དགའ་ལྡན་ཕོ་བྲང་བླ་བྲང་།과 후에 가덴 포당 숭དགའ་ལྡན་ཕོ་བྲང་གཞུང་།이 달라이 라마들의 연속적인 환생을 찾고 인식하는 전통을 세웠습니다.

이것이 티베트 불교사에서는 매우 중요한 전환점인데, 겐뒨 둡을 훗날 1세 달라이 라마로 추존하면서 달라이 라마 환생 제도의 출발점이 되었기 때문입니다.

환생을 인식하는 방법

뚤꾸를 인식하는 시스템이 생긴 후, 다양한 절차를 체계적으로 시작했습니다. 이들 중 특히 중요한 몇 가지를 말씀드리겠습니다.

주요 방법들

[49] 자신이 과거에 따실훈뽀 사원을 세우고 제자들을 가르쳤던 내용을 생생하게 이야기했습니다. 특히 사원에 한 번도 가본 적이 없는 아이였음에도, 사원 내 자신이 거처하던 방의 위치와 구조, 각 건물의 용도와 배치를 정확하게 묘사했습니다. 또한 그가 전생에 가르친 제자들의 이름과 각자의 성품, 특별히 아꼈던 제자에 대한 구체적인 기억까지 이야기했습니다. 제자들과 나눈 깊이 있는 대화 내용들까지 기억하고 있어 주변 사람들을 놀라게 했습니다. 제 쫑카빠에게서 직접 받은 가르침과 매일의 수행 일과와, 즐겨 사용하던 법구와 염주 같은 개인 소지품들에 대한 기억도 매우 선명했습니다. 가장 놀라운 것은 1474년 84세 나이로 열반한 순간의 기억이었습니다. 마지막 유언으로 제자들에게 전한 말씀과 죽음을 앞두고 느꼈던 고요하고 평화로운 마음 상태까지, 아이는 또렷하게 기억했습니다.

1. 선대자가 남긴 예언이나 징조들[50]
2. 환생자가 명확히 전생을 기억하고 그것에 대해 말하는 것[51]
3. 선대자에게 속한 물건을 식별하고 그와 가까웠던 사람들을 인식하는 것[52]

추가 방법들

· 신뢰할 수 있는 영적 스승들에게 점괘를 부탁하는 것
· 트랜스 상태의 영매를 통해 예언을 구하는 것
· 하뫼 라초와 같은 신성한 호수에 나타나는 현상을 관찰하는 것

뛸꾸로 인식될 가능성이 있는 후보자가 한 명 이상이고 결정하기 어려울 때, 신성한 이미지 앞에서 진실의 힘을 부르면서 셴탁ཟེན་ཏག 방법을 사용하여 점으로 최종 결정을 내리는 관행이 있습니다.

---

50 돌아가신 고승이 생전의 유언에 자신의 환생에 대한 단서를 남깁니다. 예를 들면 '동쪽 마을에서 태어날 것이다', '특별한 표시가 있을 것이다' 같은 구체적인 사항을 얘기합니다. 또한 입적할 때 나타나는 자연 현상 즉, 구름이나 연기가 날아가는 방향 등도 중요한 상징이 됩니다.

51 환생자로 여겨지는 아이가 전생에 대해 구체적이고 정확한 기억을 이야기합니다. 한 번도 가본 적 없는 사원의 모습을 상세하게 설명하거나, 과거에 가르쳤던 제자들의 이름을 기억하고 생전의 일상과 수행 생활을 생생하게 말하는 경우입니다.

52 가장 결정적인 확인 방법으로, 선대자의 개인 소지품들(염주, 법구, 그릇 등)을 다른 비슷한 물건들과 섞어놓고 아이가 정확히 골라내는지 봅니다. 또한 선대자와 가까웠던 사람들을 처음 만나도 알아보고 반가워하는 반응을 보이는지도 중요한 판단 기준입니다.

뙬꾸로 인정받을 만한 후보자가 여러 명 있어서 누가 진짜 환생자인지 결정하기 어려울 때는 특별한 방법으로 점괘를 읽습니다. 보릿가루로 만든 공, 센탁을 이용합니다. 신성한 부처님상 앞에서 진실을 간절히 기원하며 선택된 공을 뽑아서 최종 환생자를 결정합니다. 이는 인간의 판단으로는 결정할 수 없을 때 신성한 힘에 의지하여 진정한 환생자를 찾는 마지막 방법입니다.

선대자의 사망 전 화현化現

고승이 돌아가신 후에 환생자가 태어나는 것이 일반적입니다. 일반 사람들은 죽기 전에 다른 모습으로 나타날 수 없지만, 깨달은 보살들은 수백 또는 수천 개의 몸으로 동시에 자신을 나타낼 수 있는 능력이 있습니다. 이를 화현化現이라고 합니다.

티베트 뙬꾸 인식 시스템 내에서

· 선대자와 같은 영혼의 흐름으로 이어진 화현
· 선대자의 업력과 발원력으로, 특별한 다른 이로 연결된 화현
· 선대자가 생전에 특별한 축복을 내리거나 지명한 결과로 오는 화현

환생의 주요 목적은 선대자가 마무리하지 못한 일을 계속하여 불법佛法과 중생에게 헌신하고자 함입니다. 일반적인 라마의 경우, 꼭

자신의 영혼이 직접 환생하지 않아도 됩니다. 라마가 생전에 쌓은 공덕과 발원으로 인해 특별한 인연을 맺은 다른 사람이 그 라마의 화신으로 인정받을 수 있고, 라마가 살아있을 때 자신의 제자나 젊은 수행자를 직접 후계자로 임명하여 화신으로 인정하기도 합니다.

또한 한 명의 고위 라마가 몸의 화신, 말의 화신, 마음의 화신 등 여러 형태로 동시에 환생할 수도 있습니다. 이러한 다양한 방식들이 일반적인 라마에게도 가능하므로, 반드시 같은 영혼으로 이어지지 않더라도 열반 전에 화신이 나타날 수 있습니다.

최근에는 뒤좀 직델 예쎼 돌제བདུད་འཇོམས་འཇིགས་བྲལ་ཡེ་ཤེས་རྡོ་རྗེ།와 최걜 티첸 응악왕 켄랍ཆོས་རྒྱལ་ཁྲི་ཆེན་ངག་དབང་མཁྱེན་རབ།같은 고승들이 실제로 살아있을 때 화신을 드러낸 사례입니다. 이처럼 티베트 불교의 환생 제도는 단순한 영혼의 환생보다 훨씬 유연하고 다양한 형태를 인정합니다.

금병체첨金瓶掣籤 사용

세상이 어지러워지고 많은 고위 라마들의 환생자들이 인정받게 되면서, 일부는 부적절하고 의심스러운 방법으로 선택되어 불법佛法에 큰 손상을 입혔습니다.

1791년부터 1793년까지 티베트와 네팔 구르카족 사이에 전쟁이 벌어졌을 때, 티베트 정부는 청나라(만주족)에 군사 지원을 요청해야 했습니다. 그 결과 구르카 군대는 티베트에서 물러났지만 이후 청나라 관리들은 티베트 정부의 행정을 더 효율적으로 만든다는 명목으로 29가지 제안을 했습니다. 이것이 중국이 티베트 내정에 본격적으로 간섭하기 시작한 계기가 되었습니다.

그 제안 중에는 달라이 라마, 빤첸 라마, 그리고 후툭투[53]의 환생을 결정하기 위해 금색 항아리에서 제비를 뽑는 방법도 있습니다. 8대 달라이 라마 잠뻴 갸초འཇམ་དཔལ་རྒྱ་མཚོ།가 이 방법을 사용할 때 따라야 할 지침을 작성했습니다. 이후 달라이 라마, 빤첸 라마, 그리고 다른 고위 라마들의 일부 환생을 결정하는 데 사용했지만 9대, 13대, 그리고 저 자신인 14대 달라이 라마에 대해서는 사용하지 않았습니다.

10대 달라이 라마도 이 방법을 쓰지 않고도 환생자는 이미 찾은 상태여서 실제로 이 절차를 따르지 않았습니다. 하지만 만주족과 불필요한 마찰을 없애기 위해 이 절차를 이용했다고 발표했을 뿐입니다. 실제 금병체첨 방식은 11대와 12대 달라이 라마 때만 사용했는데 12대 달라이 라마 또한 이 방법을 사용하기 전에 이미 발견한 상태였습니다. 따라서 이 방법으로 달라이 라마를 선정한 것은 단 한 번뿐입니다.

마찬가지로 빤첸 라마의 환생에서도 8대와 9대를 제외하고는 이 방법을 사용한 사례가 없습니다. 이 시스템은 만주족이 강요했지만, 금병체첨이라는 과정에 어떤 영적 신빙성이 없다고 보았기 때문에 티베트인들은 이 방식을 신뢰하지 않았습니다. 그러나 만약 금병체첨에 정치적 목적이 개입되지 않고 본래 순수하고 신성한 가치가

[53] 후툭투는 몽골 불교의 최고 지도자급 환생자를 의미하며, 전통적으로 티베트 불교에서는 달라이 라마, 빤첸 라마와 함께 제쭌 담빠 후툭투 장갸 후툭투를 더해 '4대 라마'라고 칭했습니다.

있다면 사실 우리가 사용한 셴탁 방법과 다르지 않다고 볼 수 있습니다.

1880년 13대 달라이 라마를 선정할 때 티베트와 만주는 여전히 사제-후원자 관계였습니다. 8대 빤첸 라마, 네충གནས་ཆུང་།과 쌈예བསམ་ཡས། 신탁의 예언, 그리고 하뫼 라초ལྷ་མོའི་བླ་མཚོ།에 나타난 현상을 관찰했을 때 13대 달라이 라마는 틀림없이 12대 달라이 라마의 환생자로 확인되었기 때문에 금병체첨 방식을 따르지 않았습니다.

이는 1933년의 13대 달라이 라마의 최종 유언에서 분명히 확인할 수 있습니다.

“여러분이 모두 알다시피, 저는 금색 항아리에서 제비를 뽑는 관습적인 방법으로 선택된 것이 아니라, 예언과 신탁으로 발견되었습니다. 이러한 예언에 따라 저는 환생으로 인식되어 달라이 라마로 즉위했습니다.”

1939년 제가 달라이 라마의 14번째 화신으로 결정되었을 때 티베트와 만주족 사이의 사제-후원자 관계는 이미 끝나 있었습니다. 따라서 금병체첨으로 환생을 확인할 필요가 없었습니다. 당시 티베트 섭정과 티베트 국회가 고위 라마들의 예언, 신탁, 그리고 하뫼 라초에서 본 신비로운 현상을 근거로 달라이 라마의 환생을 인식하는 절차를 따랐다는 것은 잘 알려져 있습니다. 중국인들은 여기에 어떤 관여도 하지 않았습니다.

그런데도 국민당의 일부 관리들은 나중에 사실이 아닌 이야기를 신문에 퍼뜨렸습니다. 그들은 “금병체첨 사용을 포기하기로 동의했다”거나 “우충친이 달라이 라마 14세의 즉위를 주재했다”는 등의 허위 내용을 발표했습니다. 이런 거짓말은 응아푀 응악왕 직메ང་ཕོད་ངག་དབང་འཇིགས་མེད།가 폭로했습니다. 그는 중국이 가장 진보적인 인물로 여기는 전국인민대표대회 상무위원회 부위원장이었습니다.

1989년 7월 31일 제5차 티베트 자치구 인민대표대회 제2차 회의에서 그는 이 사건에 대한 상세한 설명과 문서적 증거를 제시하며 연설했습니다. 그의 연설 마지막에는 다음과 같은 날카로운 질문이 있었습니다.

"공산당이 국민당의 거짓말을 따라 계속할 필요가 있는가?"

이는 중국 공산당이 과거 국민당의 허위 선전을 그대로 답습하고 있음을 강력히 비판한 발언이었습니다.

기만적 전략과 거짓 희망

최근에는 부적절한 방법으로 환생자를 인정하여 불법佛法, 승가 공동체, 그리고 사회 질서를 훼손한 무책임한 라마들과 사적인 부에 집착하는 재산 관리자들의 사례가 있었습니다. 더욱 심각한 것은 청나라 시대 이후 중국 정치 당국이 티베트와 몽골 문제에 개입하면서 불교와 불교 스승들, 그리고 뚤꾸들을 정치적 목적을 위한 도구로 사용한 것입니다. 그들은 수많은 기만적 방법을 지속적으로 사용했습니다.

오늘날 중화인민공화국의 독재적 통치자들은 공산주의자입니다. 그들은 종교를 거부하면서 여전히 티베트의 종교 문제에 관여하고 있습니다. 그들은 이른바 '재교육 캠페인'을 강요하고 2007년 9월

1일부터 시행된 〈환생의 통제와 인식에 관한 5호 명령〉을 선포했습니다. 이는 터무니없고 불명예스러운 일입니다.

환생자를 인정하는 여러 부적절한 방법들이 우리의 독특한 티베트 전통을 훼손하고 있으며, 이는 되돌릴 수 없는 피해로 이어지고 있습니다.

더욱이 그들은 14대 달라이 라마의 죽음을 기다리며 자신들이 15대 달라이 라마를 선택할 것이라고 경고합니다. 그들의 최근 정책과 관련 선언을 보면 티베트인들, 티베트 불교 전통의 추종자들, 그리고 세계 평화 공동체를 기만하기 위해 매우 상세한 전략을 세우고 있는 것 같습니다.

따라서 부처님의 가르침과 중생을 보호하고 그러한 악의적인 계획에 대응해야 할 책임이 있는 저 14대 달라이 라마는 다음과 같은 선언을 합니다.

다음 달라이 라마의 환생

앞서 언급했듯이 환생은 관련 인물의 자발적인 선택으로, 적어도 그 사람의 업, 공덕, 그리고 기도의 힘으로 일어나야 하는 현상입니다. 따라서 환생하는 사람은 그가 어디서 어떻게 환생하는지, 그리고 그 환생자를 어떻게 선택하는지에 대해 유일하고 정당한 권한을 가집니다. 관련 인물을 강요하거나 조작할 수 있는 사람은 없습니다.

전생과 내세의 개념은 물론이고 환생 뗄꾸의 개념조차 거부하는 중국 공산주의자들이 환생 시스템, 특히 달라이 라마와 빤첸 라마의 환생에 간섭하는 것은 더더욱 부적절합니다. 그러한 간섭은 그들의 정치적 이념에도 모순되며 그들의 이중 잣대만 드러낼 뿐입니다. 이러한 상황이 앞으로도 계속된다면 티베트인들과 티베트 불교 전통을 따르는 사람들은 그들의 계획을 인정할 수 없습니다.

제가 90세쯤 되었을 때 저는 티베트 불교 전통의 고위 라마들, 티베트 국민, 그리고 티베트 불교를 따르는 다른 관련 인사들과 논의하여 달라이 라마 제도를 계속해야 하는지 여부를 재평가할 것입니다.[54] 그를 기반으로 해서 우리는 결정을 내릴 것입니다.

만약 달라이 라마의 환생이 계속되어야 하고 15대 달라이 라마를 선택할 필요가 있다고 결정하면, 그렇게 할 책임은 주로 달라이 라마 가덴 포당 재단의 관련 임원들에게 있을 것입니다.

그들은 다음과 같은 일을 수행해야 합니다.

· 티베트 불교 전통의 다양한 수장들과 상담
· 달라이 라마의 계보와 각별한 인연으로 연결되어 있고, 부처님의 법을 따르는 수행자들에게 조언과 방향을 구함

[54] 2025년 7월 2일, 90세 생일을 나흘 앞두고 다람살라에서 열린 티베트 종교 회의에서 사전 녹화된 영상을 통해 달라이 라마 제도는 계속될 것이라고 공식 선언했습니다. 또한 달라이 라마 성하께서 2011년에 설립한 가덴 포당Gaden Phodrang Trust만이 차기 환생자를 인정할 유일한 권한을 가지며, 어떤 누구도 이 문제에 간섭할 권한이 없다고 강조했습니다.

· 과거 전통에 따라 탐색과 인정 절차를 수행

저는 이에 대한 명확한 서면 지침을 남길 것입니다.

중요한 점

이러한 합법적인 방법으로 인식한 환생 외에, 중화인민공화국을 포함한 어떤 정치적 목적을 위해 선택한 후보자를 달라이 라마로 인정해서는 안 된다는 점을 명심하십시오.

2011년 9월 24일 다람살라
14대 달라이 라마

용의 분노를 다스리다

중국 공산당의 티베트 왜곡에 투쟁하다

초판1쇄 인쇄 2025년 12월 10일
초판1쇄 발행 2025년 12월 15일

글쓴이 체왕 갤뽀 아랴
옮긴이 이 유 미
펴낸이 정 기 태

기 획 이 유 미
편 집 김 선 식
사 진 체왕 갤뽀 아랴
디자인 한 기 호

발행처 에포크미디어코리아
서울특별시 마포구 마포대로 109,
101동 3403호 ☏ 02-732-8606

ISBN 979-11-91675-18-4 03340

가격: 15,000원